독학,
왕초보 일본어 첫걸음

STEP
01

# 히라가나 따라쓰기

ひらがな

일본어
문자와 발음
단숨에
뛰어넘다

HIRAGANA

아 야 우 효 지 미

## LanCom
Language & Communication

# 이 책의 구성과 차례 | 일러두기

## PART 1

## 히라가나 문자와 발음

히라가나(ひらがな)는 일본어를 표기할 때 일반적으로 쓰이는 문자입니다. 여기서는 히라가나의 쓰기순서에 맞춰 따라쓰기를 할 수 있도록 했습니다. 물론 히라가나를 보지 않고 직접 쓰면서 익힐 수도 있습니다. 그리고 가가의 문자가 실제에서는 어떻게 쓰이는지 4개의 단어를 그림과 함께 두어 쉽고 재미있게 습득할 수 있도록 했습니다.

## 차례

**PART 1. 히라가나 문자와 발음**

**01. 청음** .......... 9

## PART 2

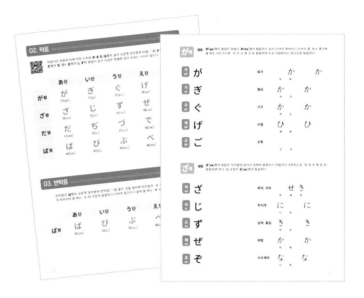

## 히라가나 여러가지 발음

히라가나 문자와 발음을 따라쓰기를 통해 제대로 익혔다면 그밖의 다른 여러 발음도 익혀야 합니다. 먼저 **かさたは** 행의 글자 오른쪽 윗부분에 탁점( ゛)을 붙인 탁음과 **は** 행의 오른쪽 윗부분에 반탁점( ゜)을 붙인 반탁음을 익힌 다음 **い**단 글자 중 자음인 **きしちにひみりぎじびぴ** 뒤에 반모음의 작은 글자인 **やゆよ**를 붙인 요음을 배울 겁니다. 그리고 우리말의 「ㄴ(n) ㅁ(m) ㅇ(ng)」의 받침으로만 쓰이는 하네루음인 **ん**과 막힌 소리로 **つ**를 작은 글자 **っ**로 표기하는 촉음을 배웁니다. 마지막으로 같은 모음이 중복될 때 앞의 발음을 길게 발음하는 장음을 배우면 히라가나 문자와 발음을 완벽하게 익히게 됩니다.

**PART 2. 히라가나 여러가지 발음**

**02. 탁음** .......... 120

**03. 반탁음** .......... 120

**04. 요음** .......... 124

**05. 하네루음** .......... 131

**06. 촉음** .......... 134

**07. 장음** .......... 136

# 일러두기

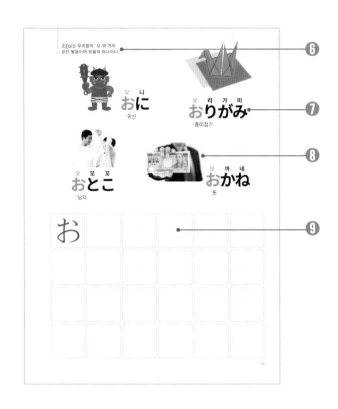

**❶**

한글로 히라가나 발음을 크게 표시했습니다. 아래는 로마자 표기입니다. 금방 눈에 들어오니까 히라가나 발음을 크게 소리내어 읽어봅니다.

**❷**

쓰기 편하도록 아주 큰 히라가나로 표기했습니다. 먼저 순서대로 화살표를 따라 손가락으로 그려본 다음 연필로 천천히 써봅니다.

**❸**

스마트폰 카메라로 QR코드를 체크하면 히라가나 쓰기 순서가 발음과 함께 천천히 동영상으로 나옵니다. 보면서 아주 쉽게 따라 쓸 수 있습니다.

**❹**

히라가나는 한자의 일부분을 따거나 흘려쓰기가 변형되어 만들어진 문자입니다. 히라가나 자원이 되는 한자가 변천되는 과정을 보면 글자를 이해하기 쉽고 빨리 습득할 수 있습니다.

**❺**

필순을 보고 천천히 따라쓰기를 할 수 있도록 24개의 히라가나를 네모칸에 두었습니다. 여러 번 따라쓰기를 반복해서 연습할 수 있습니다.

**❻**

일본어 히라가나 각 글자마다 어떻게 발음하는지 간략하게 설명해두었습니다.

**❼**

히라가나가 단어에서는 어떻게 쓰이는지 확인합니다. 히라가나 위의 한글은 발음이고, 그 아래는 단어의 뜻입니다. 먼저 한글로 된 발음을 큰소리로 읽어봅니다. 이어서 QR코드를 체크하면 일본인의 정확한 발음을 들을 수 있습니다.

**❽**

단어마다 알맞는 그림을 두었습니다. 그림을 상상하면 훨씬 기억에 오래 남을 겁니다.

**❾**

이제 마무리합니다. 히라가나를 보지 말고 네모칸에 또박또박 써보세요. 당연히 네모 빈칸을 모두 채워야 합니다.

## MP3

QR코드를 스마트폰 카메라로 체크하면 일본인의 발음을 들을 수 있습니다. 랭컴출판사 홈페이지 **(www.lancom.co.kr)**에서도 MP3 파일을 무료로 제공하고 있습니다.

청음이란 목의 저항이 없는 맑은 소리로, 아래의 오십음도 표에 나와 있는 5단 10행의 46(ん은 제외)
자를 말한다. 단은 모음에 의해 나누어진 세로 표, 행은 자음에 의해 나누어진 가로 표를 말한다.

|  | あ단 | い단 | う단 | え단 | お단 |
|---|---|---|---|---|---|
| あ행 | あ 아[a] | い 이[i] | う 우[u] | え 에[e] | お 오[o] |
| か행 | か 카[ka] | き 키[ki] | く 쿠[ku] | け 케[ke] | こ 코[ko] |
| さ행 | さ 사[sa] | し 시[shi] | す 스[su] | せ 세[se] | そ 소[so] |
| た행 | た 타[ta] | ち 치[chi] | つ 츠[tsu] | て 테[te] | と 토[to] |
| な행 | な 나[na] | に 니[ni] | ぬ 누[nu] | ね 네[ne] | の 노[no] |

## >> 히라가나(ひらがな) 오십음도

오십음도에서 **あ い う え お**는 모음, **や ゆ よ わ**는 반모음이며 나머지는 자음이다. 일본어 문자는 우리 한글과는 달리 자음과 모음을 합쳐진 음절 문자이다.

|  | あ단 | い단 | う단 | え단 | お단 |
|---|---|---|---|---|---|
| は행 | は<br>하[ha] | ひ<br>히[hi] | ふ<br>후[fu] | へ<br>헤[he] | ほ<br>호[ho] |
| ま행 | ま<br>마[ma] | み<br>미[mi] | む<br>무[mu] | め<br>메[me] | も<br>모[mo] |
| や행 | や<br>야[ya] |  | ゆ<br>유[yu] |  | よ<br>요[yo] |
| ら행 | ら<br>라[ra] | り<br>리[ri] | る<br>루[ru] | れ<br>레[re] | ろ<br>로[ro] |
| わ행 | わ<br>와[wa] |  | ん<br>응[ng] |  | を<br>오[o] |

# 일본어는 4가지 문자로 표기합니다.

### 1. 히라가나 —————————————————————————————————————

히라가나는 한자의 일부분을 따거나 흘려쓰기가 변형되어 만들어진 문자입니다. 옛날 궁정 귀족의 여성들이 주로 쓰던 문자였지만, 지금은 문장을 쓸 때 가장 일반적으로 쓰이는 문자입니다. 일본어를 시작할 때는 무조건 익혀야 합니다.

## ひらがな

### 2. 가타카나 —————————————————————————————————————

가타카나는 한자의 일부분을 따거나 획을 간단히 한 문자입니다. 히라가나와는 글자 모양만 다르고 발음은 동일합니다. 가타카나는 주로 외래어를 표기할 때 사용합니다. 그밖에 의성어나 어려운 한자로 표기해야 할 동식물의 이름 등에도 사용합니다.

## カタカナ

### 3. 한자 —————————————————————————————————————

우리는 한글만으로 모든 발음을 표기할 수 있습니다. 그러나 일본어는 히라가나와 가타카나만으로 표기하기에는 그 발음 숫자가 너무 적어서 한자를 쓰지 않으면 내용을 정확히 알 수 없습니다. 한자 읽기는 음독과 훈독이 있으며 우리와는 달리 읽는 방법이 다양합니다. 또한 일부 한자는 자획을 정리한 약재(신자체)를 사용합니다.

## 漢字 日本

### 4. 로마자 —————————————————————————————————————

히라가나와 가타카나 그리고 한자는 일본어 표기에 기본이 되는 문자입니다. 다른 나라 사람들도 읽을 수 있도록 우리가 로마자(알파벳)로 한글 발음을 표기하는 것처럼 일본어에서도 각 문자마다 로마자 표기법을 정해 사용하고 있습니다. 로마자 표기법도 함께 익혀둡니다.

## Hiragana Katakana Kanji

# PART 1

## 히라가나 문자와 발음

발음을 들으면서 쓰기 순서에 맞춰 화살표 방향으로 써보세요.

# 아
**[a]**

먼저 히라가나를 보고 따라쓴 다음 오른쪽 빈칸에 직접 써보세요.

| 安 | 安 | あ | あ |
|---|---|---|---|

あ [a]는 우리말의 「아」와 거의
같은 발음이며 일본어 모음의 하나이다.

아 시
あし
*발

아 리
あり
*개미

아 따 마
あたま
*머리

아 히 루
あひる
*오리

あ

# 이
[i]

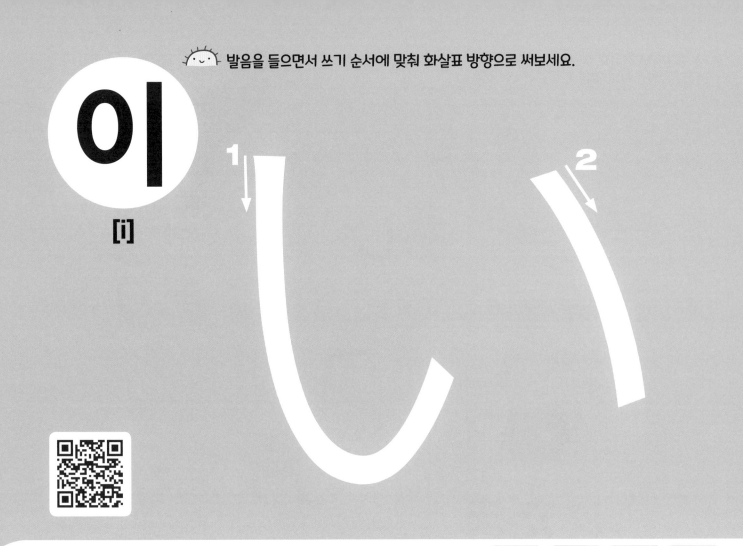

먼저 히라가나를 보고 따라쓴 다음 오른쪽 빈칸에 직접 써보세요.

以 いい い い

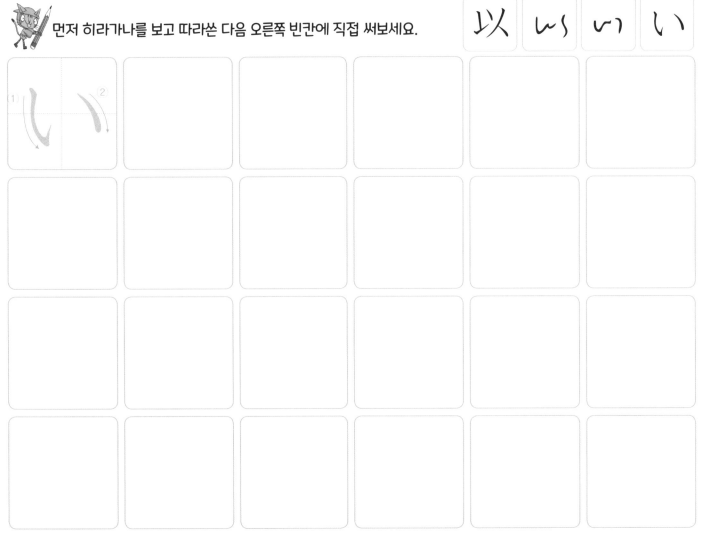

い[i]는 우리말의 「이」와 거의 비슷하며
입을 양 옆으로 벌려서 발음한다.

이 누
**いぬ**
*개

이 찌 고
**いちご**
*딸기

이 에
**いえ**
*집(house)

이 모
**いも**
*감자

い

우

[u]

발음을 들으면서 쓰기 순서에 맞춰 화살표 방향으로 써보세요.

먼저 히라가나를 보고 따라쓴 다음 오른쪽 빈칸에 직접 써보세요.

| 宇 | ら | う | う |
|---|---|---|---|

う[u]는 우리말「우」와「으」의 중간음으로
입술이 앞으로 너무 튀어나오지 않도록 한다.

우 마
**う ま**
*말

우 사 기
**うさぎ**
*토끼

우 시
**うし**
*소

우 메 보 시
**うめぼし**
*매실장아찌

# 에

[e]

먼저 히라가나를 보고 따라쓴 다음 오른쪽 빈칸에 직접 써보세요.

衣　え　え　え

え[e]는 우리말의 「에」와 「애」의
중간음으로 일본어 모음의 하나이다.

えだ
*나뭇가지

えき
*역

えび
*새우

えりまき
*목도리

오
[o]

먼저 히라가나를 보고 따라쓴 다음 오른쪽 빈칸에 직접 써보세요.

於 お か お

お[o]는 우리말의 「오」와 거의 같은
발음이며 모음의 하나이다.

오 니
**おに**
*귀신

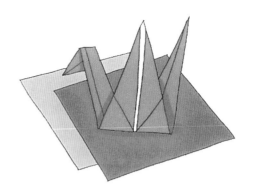

오 리 가 미
**おりがみ**
*종이접기

오 또 꼬
**おとこ**
*남자

오 까 네
**おかね**
*돈

■ 네모 빈칸에 제시된 히라가나를 쓰면서 마무리하세요.

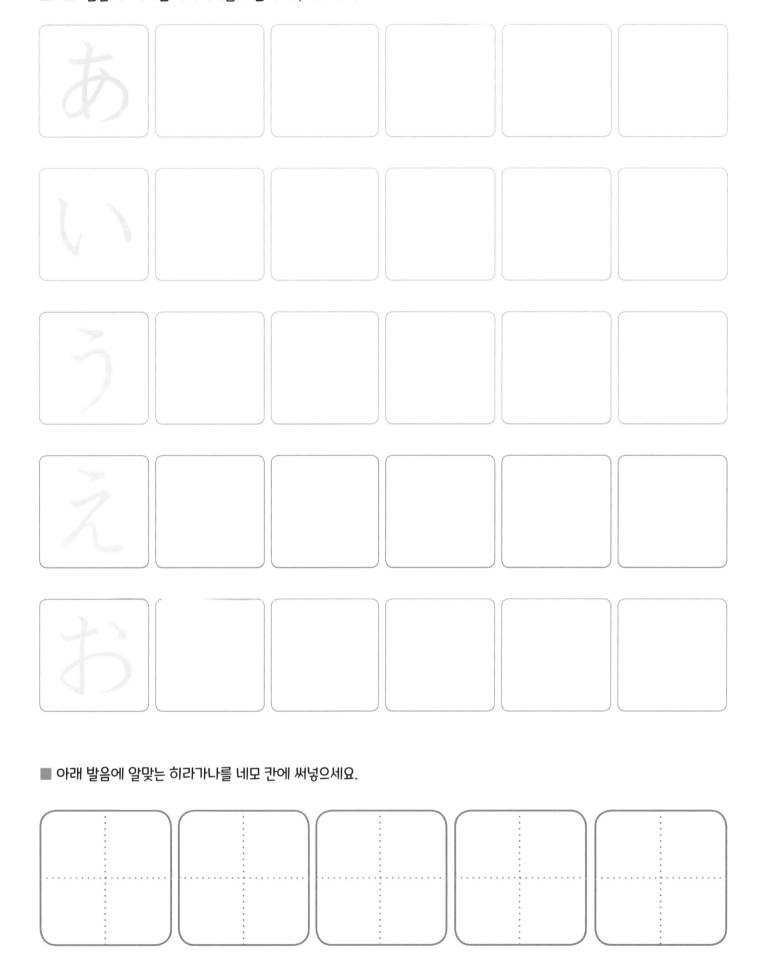

■ 아래 발음에 알맞는 히라가나를 네모 칸에 써넣으세요.

| 이 | 우 | 아 | 오 | 에 |
| --- | --- | --- | --- | --- |

■ 한글 발음과 그림을 보고 빈칸에 알맞은 히라가나를 써넣으세요.

에　끼

| | き |
|---|---|

우　사　기

| | さ | ぎ |
|---|---|---|

아　리

| | り |
|---|---|

이　누

| | ぬ |
|---|---|

이　치　고

| ち | ご |
|---|---|

오　리　가　미

| り | が | み |
|---|---|---|

# 카
**[ka]**

먼저 히라가나를 보고 따라쓴 다음 오른쪽 빈칸에 직접 써보세요.

| | | | |
|---|---|---|---|
| 加 | か | か | か |

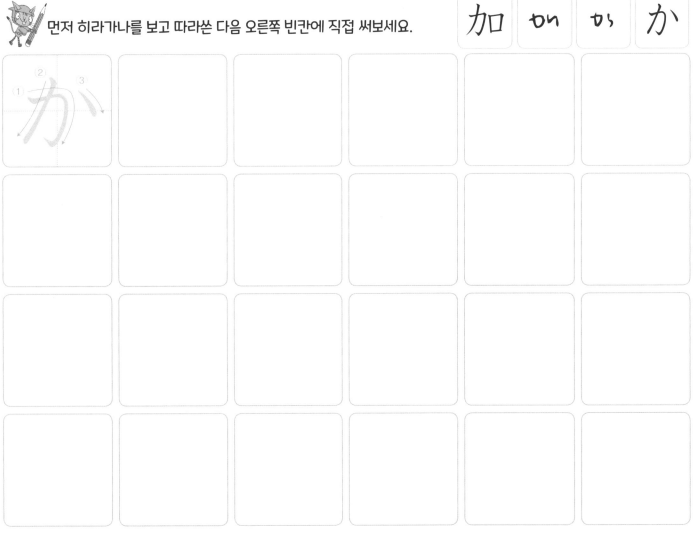

**か** [ka]는 우리말 「카」와 「가」의 중간음으로
단어의 중간이나 끝에 오면 「까」에 가깝게 발음한다.

카 니
**かに**
*게

카 사
**かさ**
*우산

카 바
**かば**
*하마

이 루 까
**いるか**
*돌고래

か

# 키
[ki]

먼저 히라가나를 보고 따라쓴 다음 오른쪽 빈칸에 직접 써보세요.

| 幾 | 氏 | き | き |
| --- | --- | --- | --- |

き [ki]는 첫음절이 아닌 단어의 중간이나
끝에 오면 「끼」에 가깝게 발음한다.

키 쯔 네
# きつね
*여우

키 링
# きりん
*기린

키 노 꼬
# きのこ
*버섯

네 마 끼
# ねまき
*잠옷

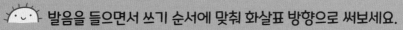 

쿠

[ku]

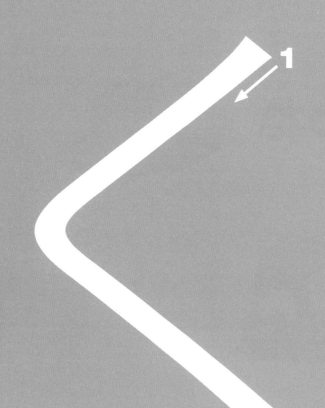

 먼저 히라가나를 보고 따라쓴 다음 오른쪽 빈칸에 직접 써보세요.

| 久 | ㄥ | く | く |
|---|---|---|---|

く [ku]는 첫음절이 아닌 단어의 중간이나
끝에 오면 「꾸」에 가깝게 발음한다.

쿠 지 라
**くじら**
*고래

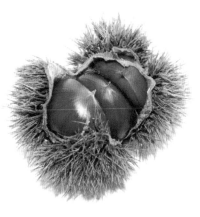

쿠 리
**くり**
*밤

쿠 루 마
**くるま**
*차

카 조 꾸
**かぞく**
*가족

# 케

[ke]

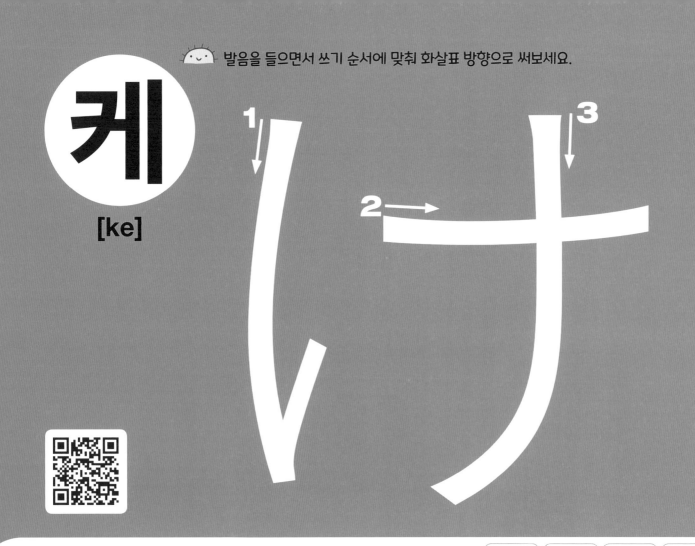

먼저 히라가나를 보고 따라쓴 다음 오른쪽 빈칸에 직접 써보세요.

計 計 け け

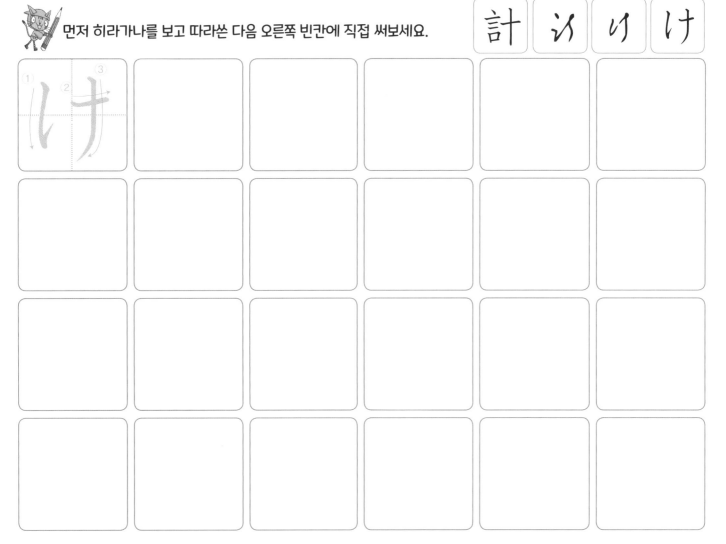

け[ke]는 단어의 첫음절이 아닌 중간이나
끝에 오면 「께」에 가깝게 발음한다.

케 가
**けが**
*상처

이 께
**いけ**
*연못

케 이 또
**けいと**
*털실

케 무 리
**けむり**
*연기

| け | | | | | |
|---|---|---|---|---|---|
| | | | | | |
| | | | | | |
| | | | | | |

코
[ko]

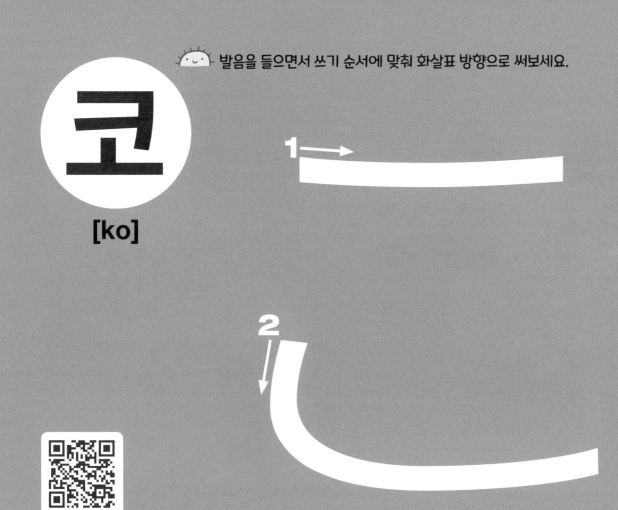

먼저 히라가나를 보고 따라쓴 다음 오른쪽 빈칸에 직접 써보세요.

こ[ko]는 단어의 첫음절이 아닌 중간이나
끝에 오면 「꼬」에 가깝게 발음한다.

코 이
こい
*잉어

킹 꼬
きんこ
*금고

코 마
こま
*팽이

코 도 모
こども
*어린이

■ 네모 빈칸에 제시된 히라가나를 쓰면서 마무리하세요.

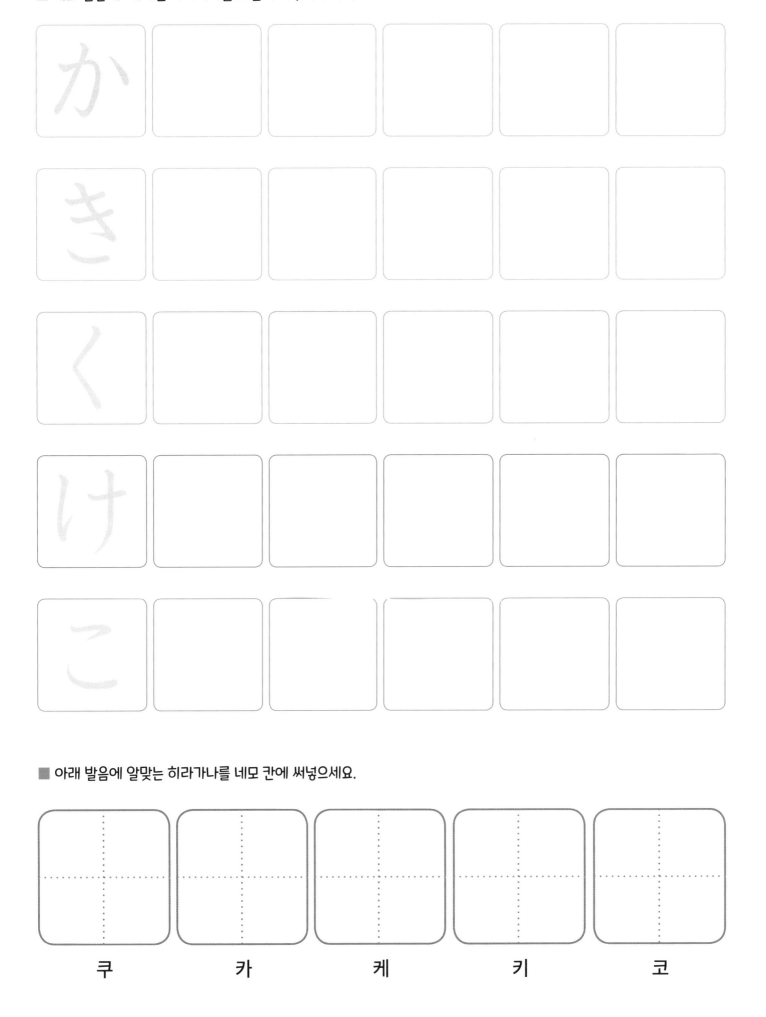

■ 아래 발음에 알맞는 히라가나를 네모 칸에 써넣으세요.

| 쿠 | 카 | 케 | 키 | 코 |

■ 한글 발음과 그림을 보고 빈칸에 알맞은 히라가나를 써넣으세요.

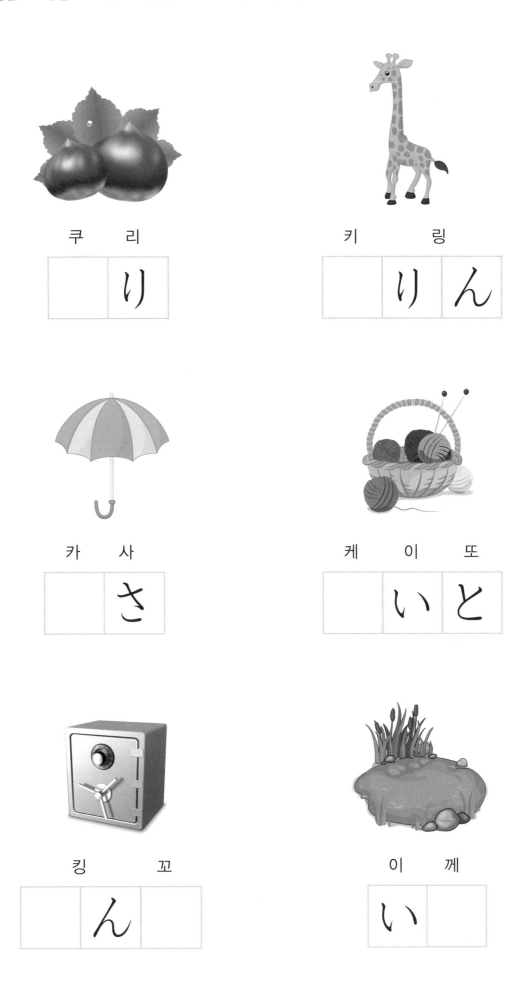

쿠　리

|   | り |
|---|---|

키　　링

|   | り | ん |
|---|---|---|

카　사

|   | さ |
|---|---|

케　이　또

|   | い | と |
|---|---|---|

킹　　꼬

|   | ん |   |
|---|---|---|

이　께

|   | い |
|---|---|

# 사

[sa]

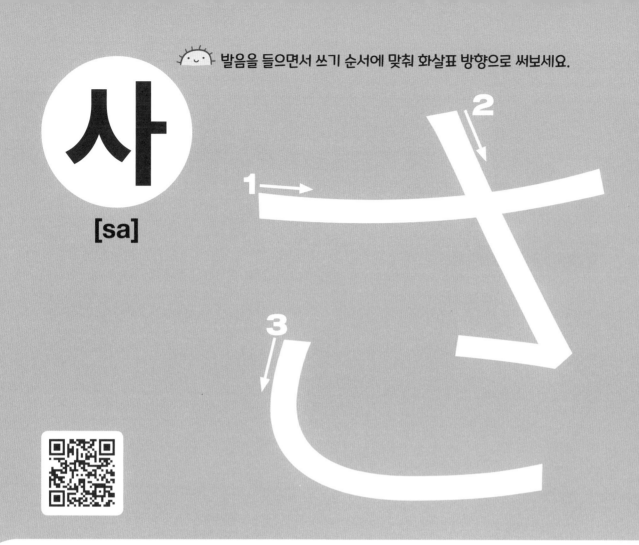

발음을 들으면서 쓰기 순서에 맞춰 화살표 방향으로 써보세요.

먼저 히라가나를 보고 따라쓴 다음 오른쪽 빈칸에 직접 써보세요.

| 左 | き | さ | さ |
|---|---|---|---|

さ[sa]는 우리말의 「사」에 가까운 발음으로
일본어 자음의 하나이다.

사 메
さめ
*상어

사 루
さる
*원숭이

사 꾸 라
さくら
*벚꽃

사 까 나
さかな
*물고기

**시**

**[shi]**

1

し

 먼저 히라가나를 보고 따라쓴 다음 오른쪽 빈칸에 직접 써보세요.

之 え し し

し [shi]는 우리말의 「쉬」에 가까운
「시」 발음으로 일본어 자음의 하나이다.

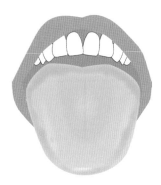

시 따
**した**
*혀

시 까
**しか**
*사슴

시 마
**しま**
*섬

시 리
**しり**
*엉덩이

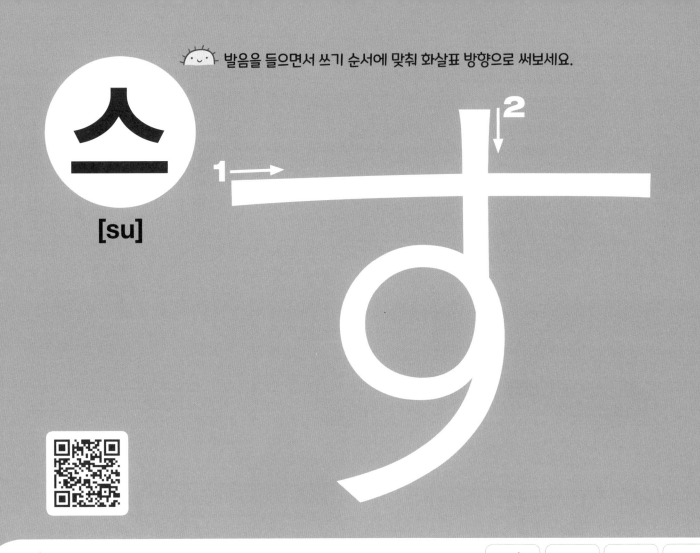

스
[su]

먼저 히라가나를 보고 따라쓴 다음 오른쪽 빈칸에 직접 써보세요.

**す**[su]는 우리말의 「수」와 「스」의 중간음으로
「스」에 가깝게 발음한다.

스 나
**すな**
*모래

스 이 까
**すいか**
*수박

스 － 지
**すうじ**
*숫자

스 모 －
**すもう**
*(일본전통) 씨름

# 세

[se]

먼저 히라가나를 보고 따라쓴 다음 오른쪽 빈칸에 직접 써보세요.

| 世 | せ | せ | せ |
|---|---|---|---|

**せ**[se]는 우리말의 「세」와 비슷한
발음으로 자음이다.

세 나 까
**せなか**
*등

세 미
**せみ**
*매미

세 까 이
**せかい**
*세계

세 따 께
**せたけ**
*키(신장)

# 소
## [so]

먼저 히라가나를 보고 따라쓴 다음 오른쪽 빈칸에 직접 써보세요.

| 曽 | そ | そ | そ |
|---|---|---|---|

そ[so]는 우리말의 「소」와 비슷한
발음으로 자음이다.

소 데
**そで**
*소매

소 바
**そば**
*메밀국수

소 라
**そら**
*하늘

—는 길게 발음한다

소 ― 지 끼
**そうじき**
*청소기

■ 네모 빈칸에 제시된 히라가나를 쓰면서 마무리하세요.

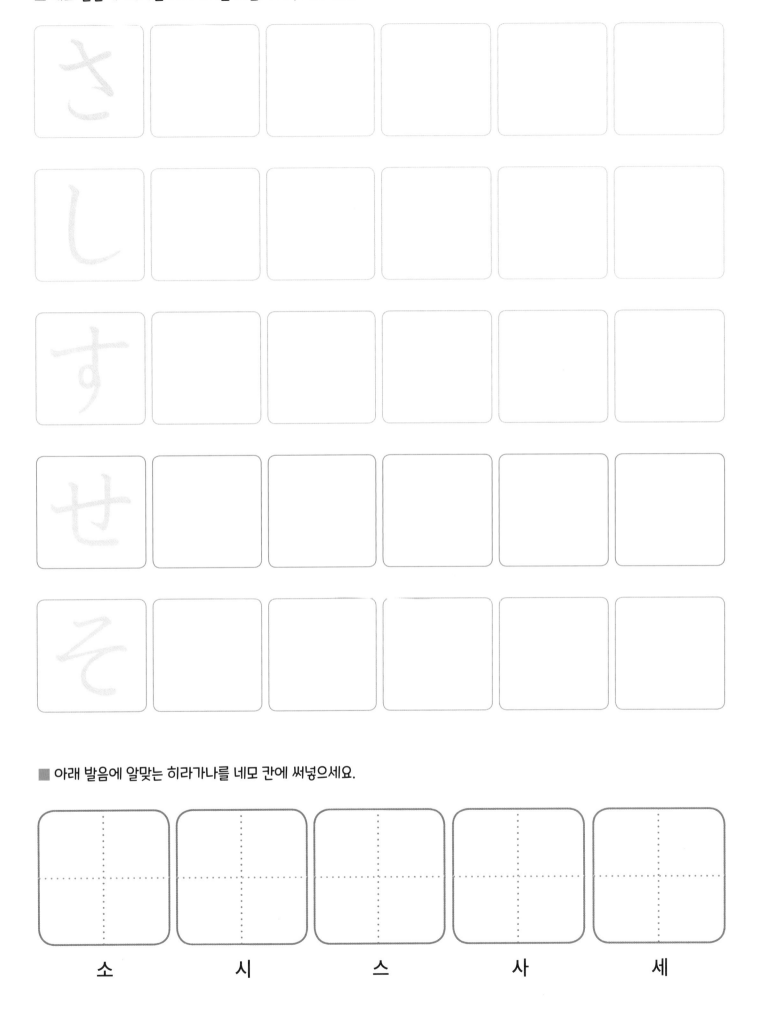

■ 아래 발음에 알맞는 히라가나를 네모 칸에 써넣으세요.

| 소 | 시 | 스 | 사 | 세 |

44

■ 한글 발음과 그림을 보고 빈칸에 알맞은 히라가나를 써넣으세요.

시　까

| | か |
|---|---|

스　이　까

| | い | か |
|---|---|---|

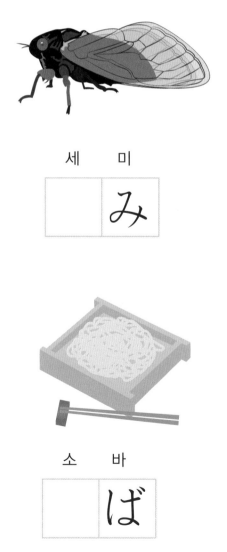

세　미

| | み |
|---|---|

세　나　까

| | な | か |
|---|---|---|

소　바

| | ば |
|---|---|

사　루

| | る |
|---|---|

45

# 타
[ta]

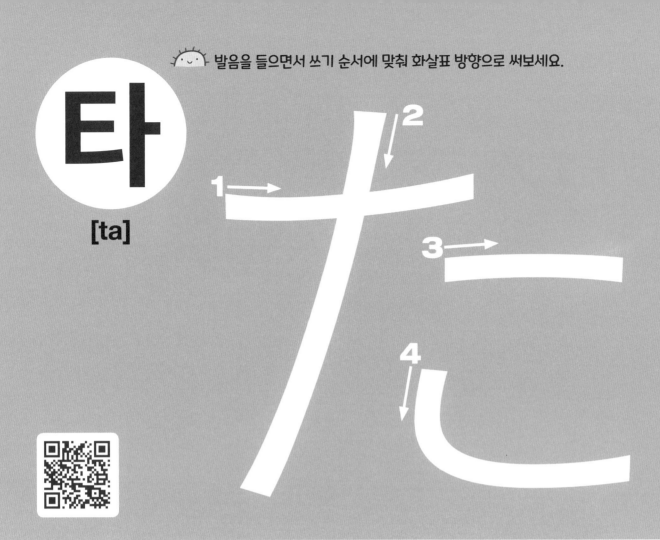

먼저 히라가나를 보고 따라쓴 다음 오른쪽 빈칸에 직접 써보세요.

太 た た た

た[ta]는 「타」와 「다」의 중간음으로 단어의 중간이나
끝에 올 때는 「따」에 가깝게 발음한다.

타 마 고
**たまご**
*알

타 이 꼬
**たいこ**
*북

타 꼬
**たこ**
*연

아 시 따
**あした**
*내일

치
[chi]

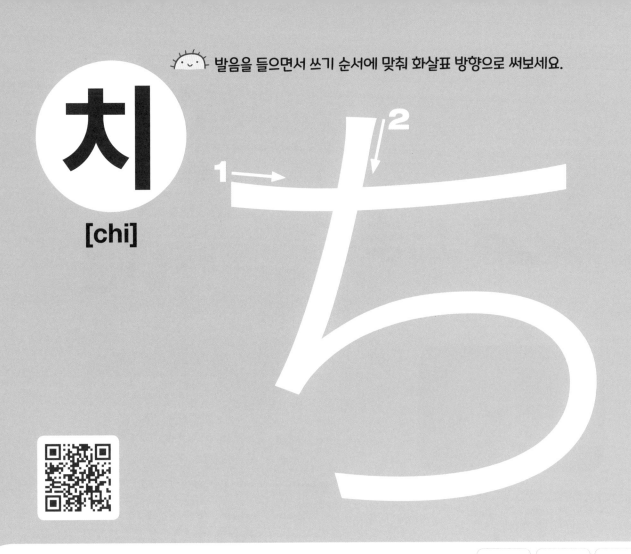

먼저 히라가나를 보고 따라쓴 다음 오른쪽 빈칸에 직접 써보세요.    知  ち  ち  ち

ち[chi]는 단어의 첫음절이 아닌 중간이나
끝에 올 때는 「찌」에 가깝게 발음한다.

치 즈
**ちず**
*지도

우 찌
**うち**
*집(home)

치 리 또 리
**ちりとり**
*쓰레받기

지 까 라
**ちから**
*힘

つ
[tsu]

먼저 히라가나를 보고 따라쓴 다음 오른쪽 빈칸에 직접 써보세요. | 川 | ㄲ | ㄱ | つ

つ[tsu]는 우리말의 「쓰」, 「쯔」, 「츠」의 복합적인 음으로
단어의 중간이나 끝에 올 때는 약간 된소리로 발음한다.

츠 끼
つき
*달

츠 바 메
つばめ
*제비

츠 꾸 에
つくえ
*책상

쿠 쯔
くっ
*신발

# 테

[te]

발음을 들으면서 쓰기 순서에 맞춰 화살표 방향으로 써보세요.

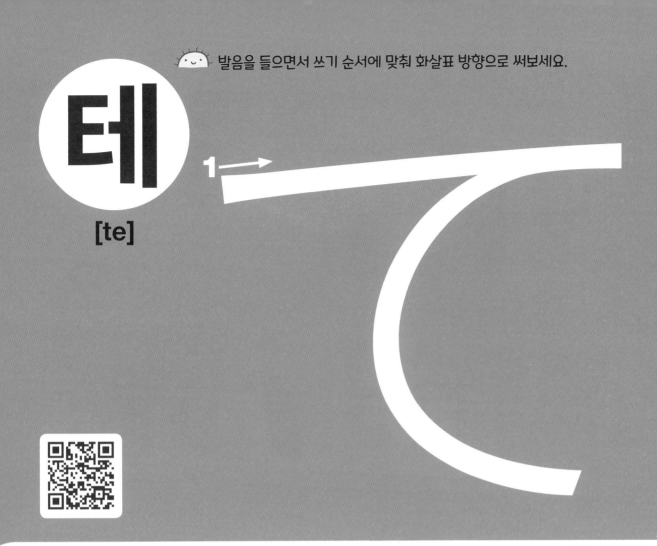

먼저 히라가나를 보고 따라쓴 다음 오른쪽 빈칸에 직접 써보세요.

| 天 | え | て | て |
|---|---|---|---|

**て**[te]는 단어의 첫음절이 아닌 중간이나
끝에 올 때는 「떼」에 가깝게 발음한다.

테 지 나
# てじな
*요술

테 부 꾸 로
# てぶくろ
*장갑

테 쯔 보 ―
# てつぼう
*철봉

오 떼 다 마
# おてだま
*오자미(놀이)

[to]

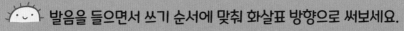

 먼저 히라가나를 보고 따라쓴 다음 오른쪽 빈칸에 직접 써보세요.

| 止 | と | と | と |

と [to]는 단어의 첫음절이 아닌 중간이나
끝에 올 때는 「또」에 가깝게 발음한다.

토 라
**とら**
*호랑이

이 또
**いと**
*실

토 께 ー
**とけい**
*시계

토 까 게
**とかげ**
*도마뱀

■ 네모 빈칸에 제시된 히라가나를 쓰면서 마무리하세요.

■ 아래 발음에 알맞는 히라가나를 네모 칸에 써넣으세요.

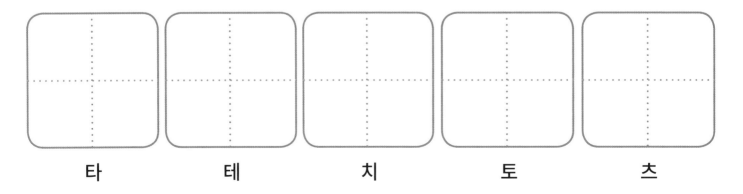

| 타 | 테 | 치 | 토 | 츠 |

■ 한글 발음과 그림을 보고 빈칸에 알맞은 히라가나를 써넣으세요.

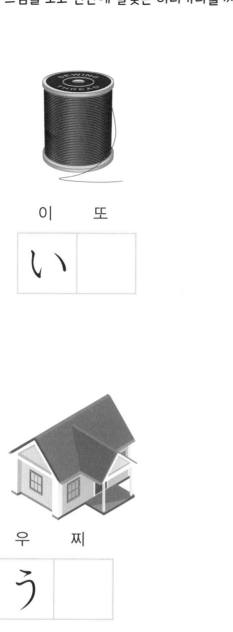

이 또

| い | |

타 이 꼬

| | い | こ |

우 찌

| う | |

테 부 꾸 로

| | ぶ | く | ろ |

츠 바 메

| | ば | め |

오 떼 다 마

| お | | だ | ま |

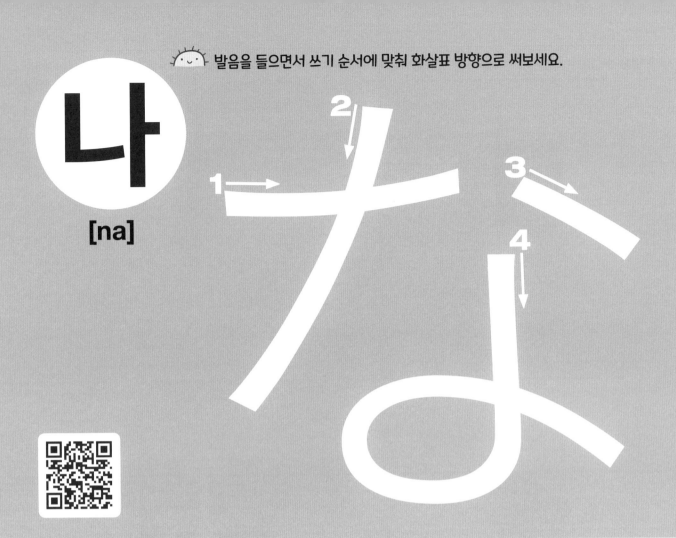

**な**
[na]

먼저 히라가나를 보고 따라쓴 다음 오른쪽 빈칸에 직접 써보세요.

| 奈 | ふ | な | な |
|---|---|---|---|

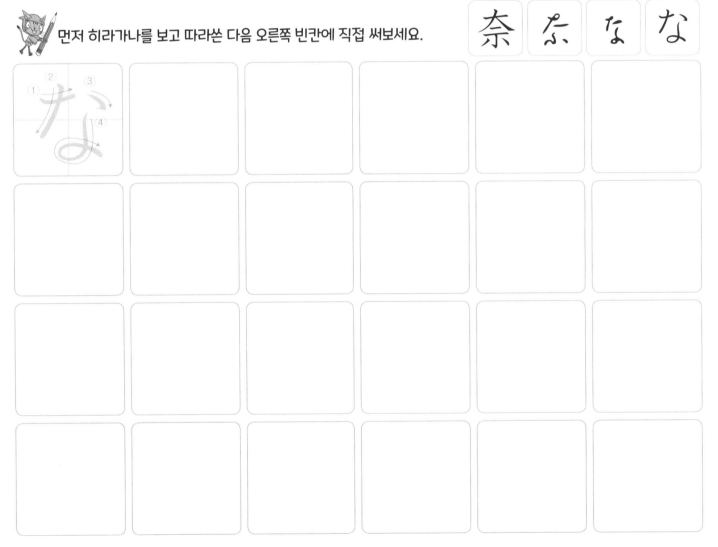

な[na]는 우리말의 「나」와 거의 같은 발음으로 일본어 자음의 하나이다.

나 베
**なべ**
*냄비

나 스
**なす**
*가지

나 미 다
**なみだ**
*눈물

나 마 에
**なまえ**
*이름

# に

[ni]

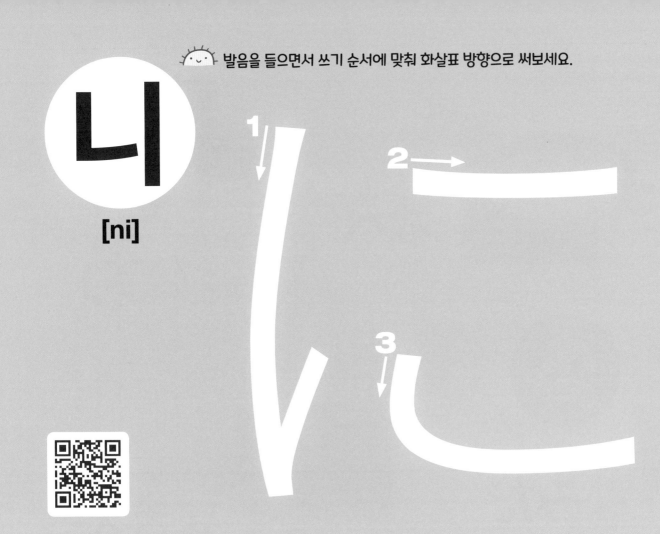

먼저 히라가나를 보고 따라쓴 다음 오른쪽 빈칸에 직접 써보세요.

仁　仗　に　に

に[ni]는 우리말의 「니」와 거의 같은
발음으로 자음이다.

니 시
**にし**
*서쪽

니 와 또 리
**にわとり**
*닭

니 지
**にじ**
*무지개

니 모 쯔
**にもつ**
*짐

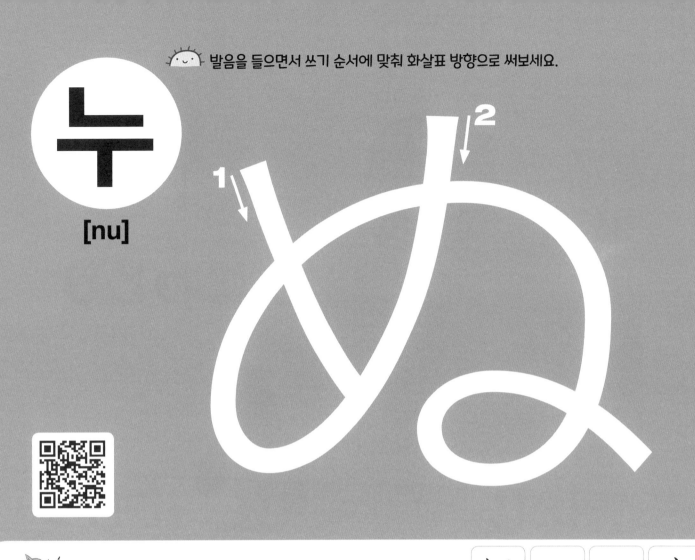

ㅜ
[nu]

먼저 히라가나를 보고 따라쓴 다음 오른쪽 빈칸에 직접 써보세요.　　奴　ぬ　ね　ぬ

ぬ[nu]는 우리말의 「누」와 거의 비슷한
발음으로 자음이다.

ぬま
*늪

いぬ
*개

ぬりえ
*색칠그림

ぬすびと
*도둑

# 네
## [ne]

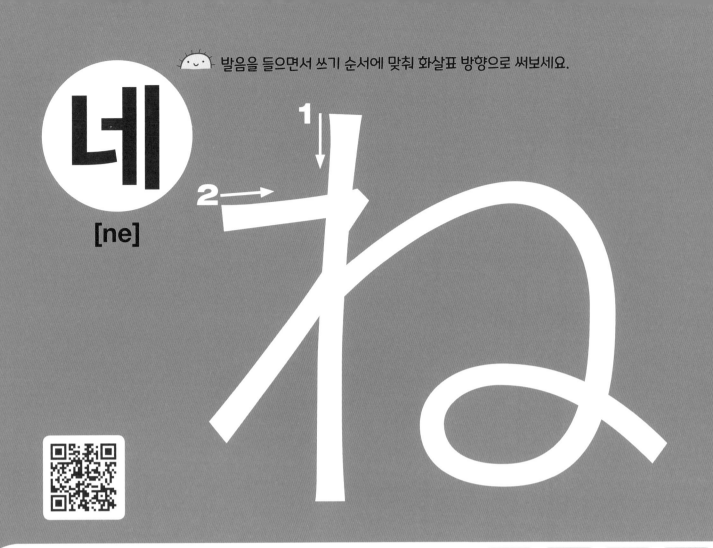

먼저 히라가나를 보고 따라쓴 다음 오른쪽 빈칸에 직접 써보세요.

| 称 | 祢 | ね | ね |
|---|---|---|---|

ね[ne]는 우리말의 「네」와 거의 비슷한
발음으로 자음이다.

네 기
**ねぎ**
*파

네 꼬
**ねこ**
*고양이

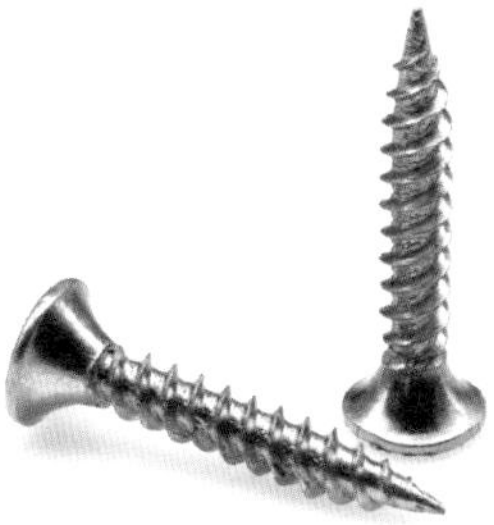

네 지
**ねじ**
*나사

네 즈 미
**ねずみ**
*쥐

ね

발음을 들으면서 쓰기 순서에 맞춰 화살표 방향으로 써보세요.

**ㄴ**

[no]

먼저 히라가나를 보고 따라쓴 다음 오른쪽 빈칸에 직접 써보세요.

乃　の　の　の

の[no]는 우리말의 「노」와 거의 비슷한
발음으로 자음이다.

ノ　ハ　ラ
# のはら
*들판

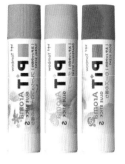

ノ　リ
# のり
*풀

ノ　꼬　기　리
# のこぎり
*톱

ノ　리　마　끼
# のりまき
*김밥

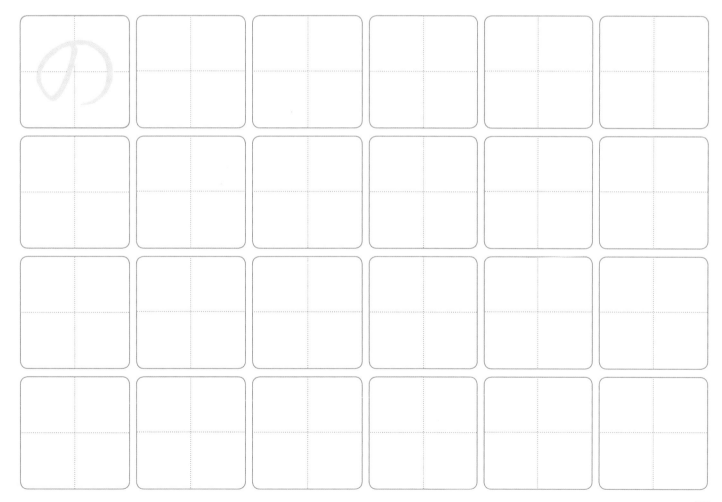

■ 네모 빈칸에 제시된 히라가나를 쓰면서 마무리하세요.

■ 아래 발음에 알맞는 히라가나를 네모 칸에 써넣으세요.

| 누 | 나 | 니 | 노 | 네 |

■ 한글 발음과 그림을 보고 빈칸에 알맞은 히라가나를 써넣으세요.

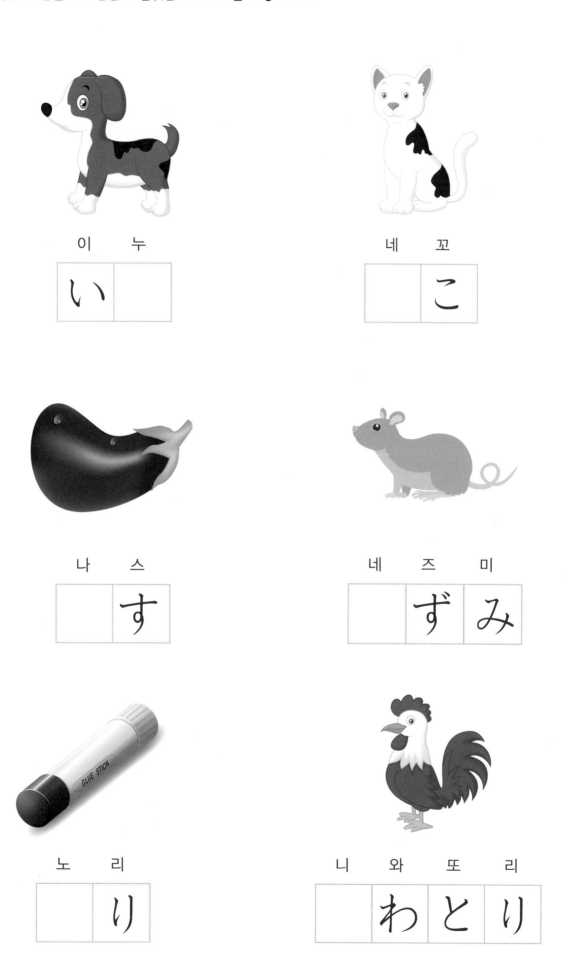

이  누

| い |  |

네  꼬

|  | こ |

나  스

|  | す |

네  즈  미

|  | ず | み |

노  리

|  | り |

니  와  또  리

|  | わ | と | り |

# 하
## [ha]

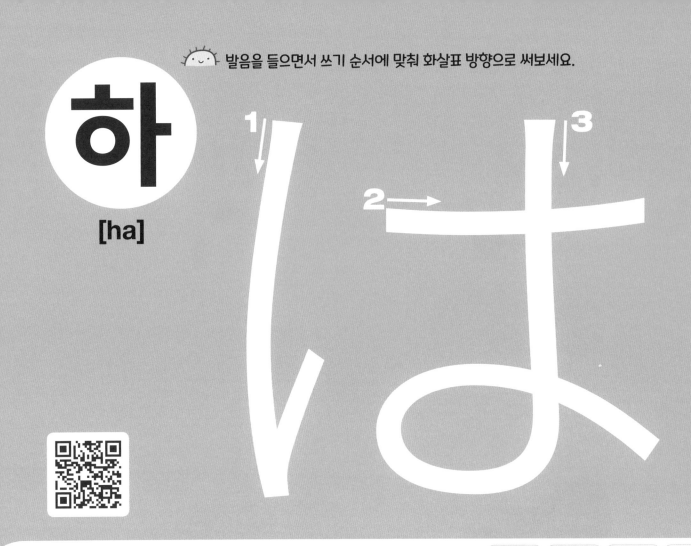

먼저 히라가나를 보고 따라쓴 다음 오른쪽 빈칸에 직접 써보세요.

波 は は は

は[ha]는 우리말의 「하」와 거의
비슷한 발음으로 자음의 하나이다.

하 찌
**はち**
*벌

하 사 미
**はさみ**
*가위

하 나
**はな**
*꽃

하 마 베
**はまべ**
*바닷가

# 히
## [hi]

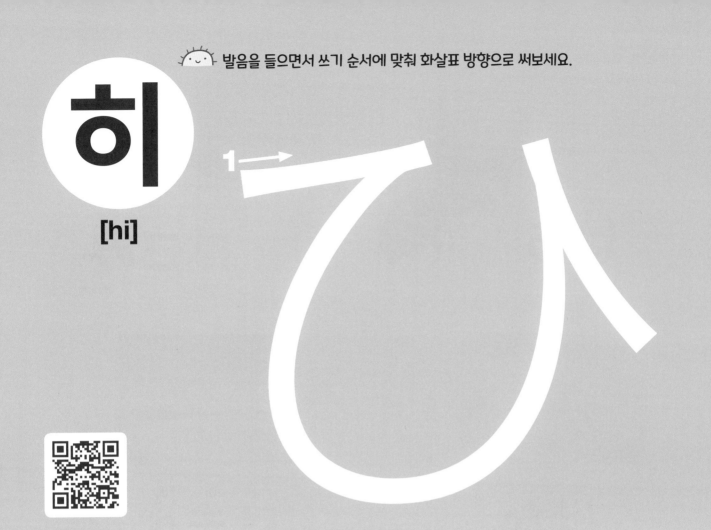

먼저 히라가나를 보고 따라쓴 다음 오른쪽 빈칸에 직접 써보세요.

比　ひ　ひ　ひ

**ひ**[hi]는 우리말의 「히」와 거의 비슷한
발음으로 자음이다.

히 쯔 지
## ひつじ
*양

히 요 꼬
## ひよこ
*병아리

히 마 와 리
## ひまわり
*해바라기

히 꼬 ― 끼
## ひこうき
*비행기

ひ

73

# ふ

[fu]

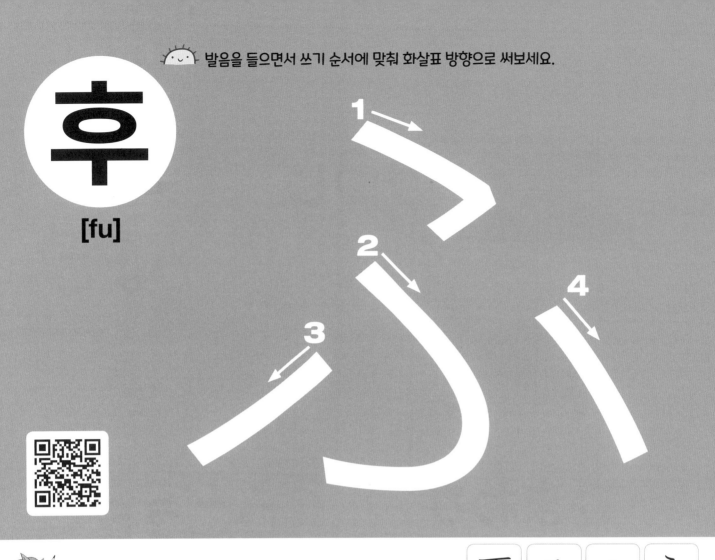

먼저 히라가나를 보고 따라쓴 다음 오른쪽 빈칸에 직접 써보세요.

| 不 | 禾 | ふ | ふ |
|---|---|---|---|

ふ[fu]는 우리말의 「후」와 거의 비슷한
발음으로 자음이다.

후네
**ふね**
*배

후꾸로ー
**ふくろう**
*올빼미

후유
**ふゆ**
*겨울

후로시끼
**ふろしき**
*보자기

# 헤
## [he]

먼저 히라가나를 보고 따라쓴 다음 오른쪽 빈칸에 직접 써보세요.

部　秘　へ　へ

へ[he]는 우리말의 「헤」와 거의
비슷한 발음이다.

へ<ruby>헤</ruby>そ<ruby>소</ruby>
*배꼽

へ<ruby>헤</ruby>び<ruby>비</ruby>
*뱀

へ<ruby>헤</ruby>や<ruby>야</ruby>
*방

へ<ruby>헤</ruby>ち<ruby>찌</ruby>ま<ruby>마</ruby>
*수세미외

호

[ho]

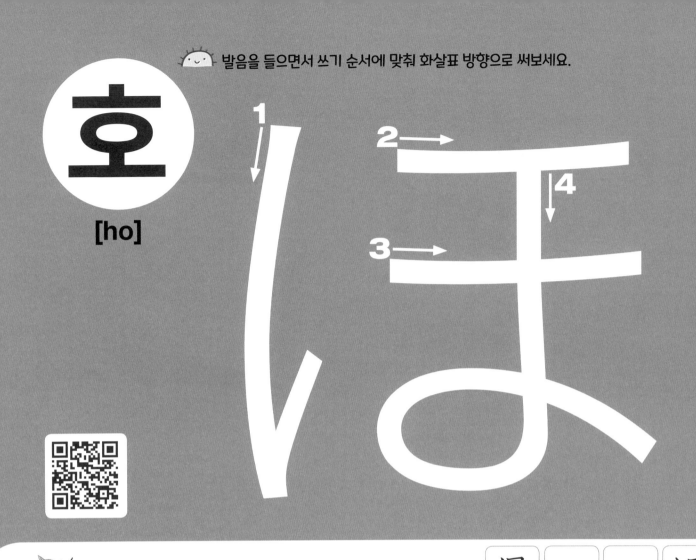

먼저 히라가나를 보고 따라쓴 다음 오른쪽 빈칸에 직접 써보세요.

保 ほ ほ ほ

ほ[ho]는 우리말의 「호」와 거의 비슷한
발음으로 자음이다.

호 따 루
**ほたる**
*반딧불이

호 시
**ほし**
*별

호 네
**ほね**
*뼈

호 라 아 나
**ほらあな**
*동굴

■ 네모 빈칸에 제시된 히라가나를 쓰면서 마무리하세요.

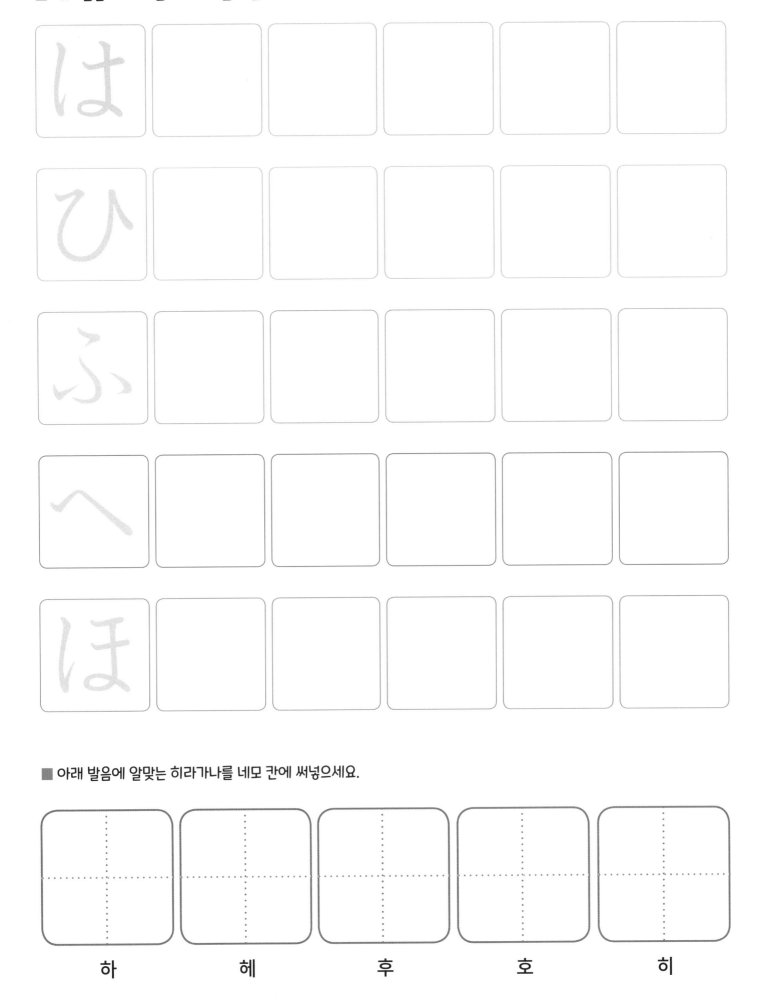

■ 아래 발음에 알맞는 히라가나를 네모 칸에 써넣으세요.

| 하 | 헤 | 후 | 호 | 히 |

■ 한글 발음과 그림을 보고 빈칸에 알맞은 히라가나를 써넣으세요.

헤 비

□ び

하 사 미

□ さ み

히 요 꼬

□ よ こ

히 쯔 지

□ つ じ

호 시

□ し

후 꾸 로 ー

□ く ろ う

마
[ma]

발음을 들으면서 쓰기 순서에 맞춰 화살표 방향으로 써보세요.

먼저 히라가나를 보고 따라쓴 다음 오른쪽 빈칸에 직접 써보세요.

未 ま ま ま

ま[ma]는 우리말의 「마」와 거의 비슷한
발음으로 자음이다.

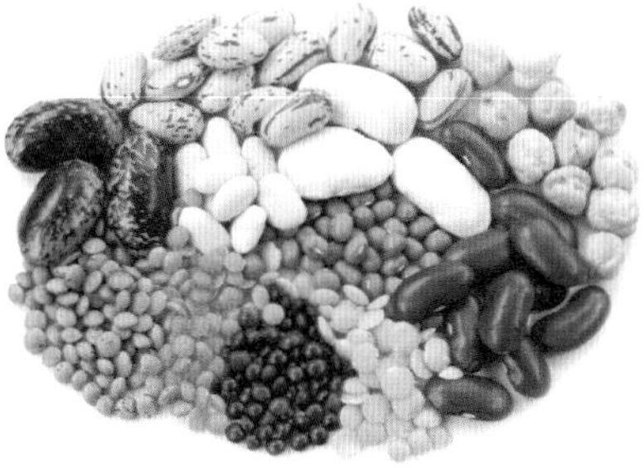

<sup>마</sup><sup>메</sup>
**まめ**
*콩

<sup>우</sup><sup>마</sup>
**うま**
*말

<sup>마</sup><sup>도</sup>
**まど**
*창문

<sup>마</sup><sup>꾸</sup><sup>라</sup>
**まくら**
*베개

ま

# 미
**[mi]**

먼저 히라가나를 보고 따라쓴 다음 오른쪽 빈칸에 직접 써보세요.

| 美 | 㣲 | み | み |

み [mi]는 우리말의 「미」와 거의 비슷한
발음으로 자음이다.

미 도 리
みどり
*녹색

미 깡
みかん
*귤

미 찌
みち
*길

미 나 미
みなみ
*남쪽

무
[mu]

발음을 들으면서 쓰기 순서에 맞춰 화살표 방향으로 써보세요.

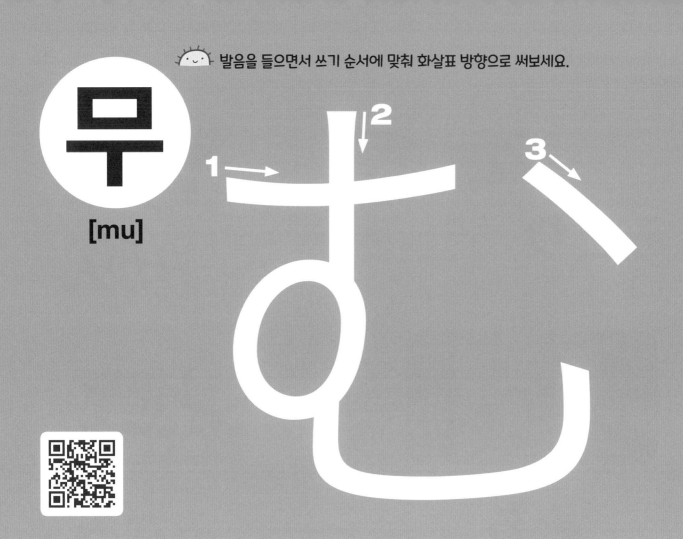

먼저 히라가나를 보고 따라쓴 다음 오른쪽 빈칸에 직접 써보세요.

| 武 | も | む | む |
|---|---|---|---|

む[mu]는 우리말의 「무」와 거의 비슷한
발음으로 자음이다.

무 기
**むぎ**
*보리

무 시
**むし**
*벌레

무 까 데
**むかで**
*지네(벌레)

무 네
**むね**
*가슴

# 메
[me]

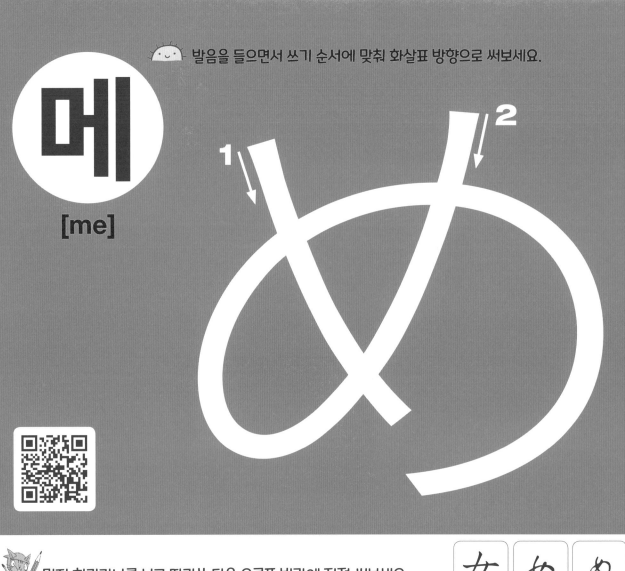

먼저 히라가나를 보고 따라쓴 다음 오른쪽 빈칸에 직접 써보세요.

| 女 | め | め | め |
|---|---|---|---|

め[me]는 우리말의 「메」와 거의 비슷한
발음으로 자음이다.

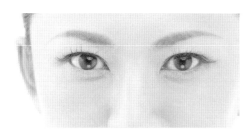

메

め
*눈

메 다 까
めだか
*송사리

메 모 리
めもり
*(저울) 눈금

메 가 네
めがね
*안경

# 모
[mo]

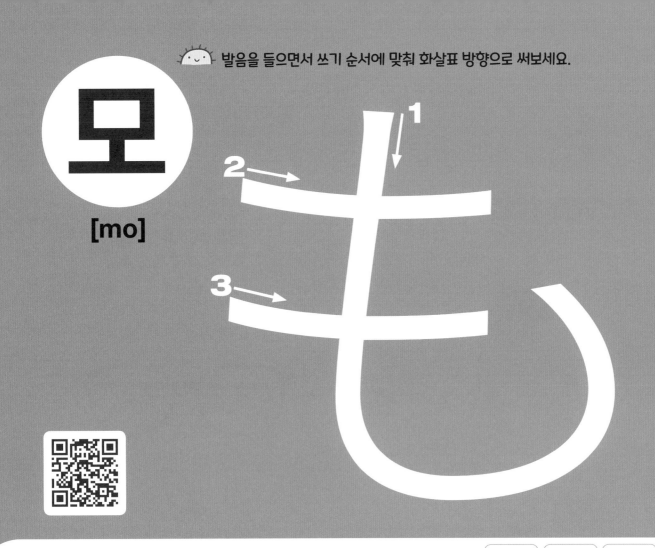

먼저 히라가나를 보고 따라쓴 다음 오른쪽 빈칸에 직접 써보세요.

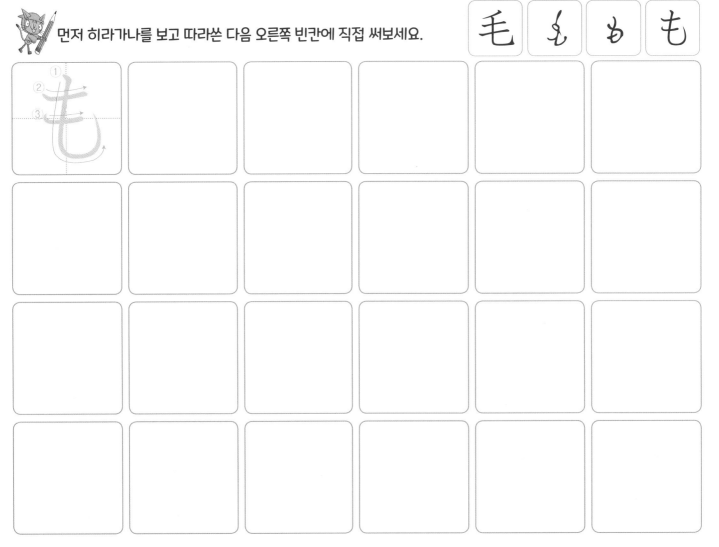

も[mo]는 우리말의 「모」와 거의 비슷한
발음으로 자음이다.

모 모
**もも**
*복숭아

모 미 지
**もみじ**
*단풍

모 찌
**もち**
*떡

모 구 라
**もぐら**
*두더지

■ 네모 빈칸에  제시된 히라가나를 쓰면서 마무리하세요.

■ 아래 발음에 알맞는 히라가나를 네모 칸에 써넣으세요.

| 무 | 마 | 모 | 미 | 메 |
|---|---|---|---|---|

■ 한글 발음과 그림을 보고 빈칸에 알맞은 히라가나를 써넣으세요.

무 시

| | し |

미 깡

| | か | ん |

우 마

| う | |

모 찌

| | ち |

메 다 까

| | だ | か |

모 미 지

| | | じ |

# 라
**[ra]**

먼저 히라가나를 보고 따라쓴 다음 오른쪽 빈칸에 직접 써보세요.

| 良 | ら | ら | ら |
|---|---|---|---|

ら[ra]는 우리말의 「라」와 같은 발음으로
단어의 첫머리에 오더라도 「라」로 발음한다.

라 꾸 가 끼
**ら**くがき
*낙서

라 꾸 다
**ら**くだ
*낙타

랍 빠
**ら**っぱ
*나팔

라 심 방
**ら**しんばん
*나침반

# 리

[ri]

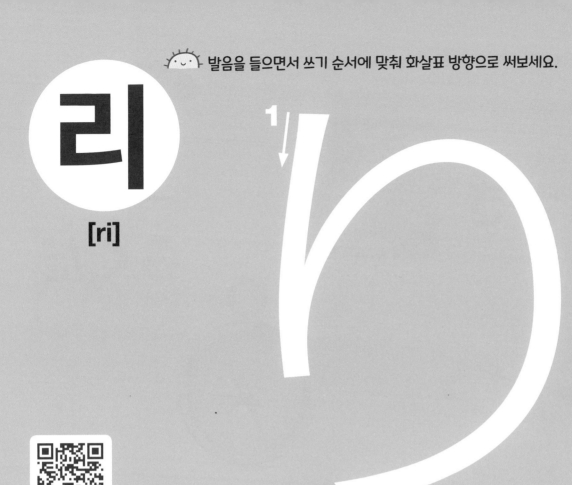

발음을 들으면서 쓰기 순서에 맞춰 화살표 방향으로 써보세요.

먼저 히라가나를 보고 따라쓴 다음 오른쪽 빈칸에 직접 써보세요.

利 め り り

り[ri]는 우리말의 「리」와 같으며 단어의
첫머리에 오더라도 「리」로 발음한다.

리 하 쯔
**りはつ**
*이발

리 스
**りす**
*다람쥐

리 끼 시
**りきし**
*씨름꾼(스모선수)

링 고
**りんご**
*사과

루

[ru]

먼저 히라가나를 보고 따라쓴 다음 오른쪽 빈칸에 직접 써보세요.

留 | る | る | る

る[ru]는 우리말의 「루」와 같은 발음으로
단어의 첫머리에 오더라도 「루」로 발음한다.

하 루
**はる**
*봄

요 루
**よる**
*밤

히 루
**ひる**
*낮

루 스 방
**るすばん**
*집보기

# 레

[re]

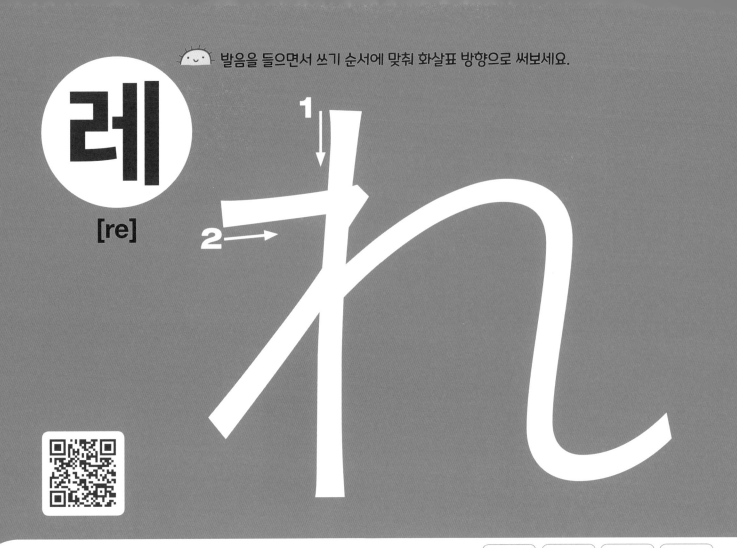

먼저 히라가나를 보고 따라쓴 다음 오른쪽 빈칸에 직접 써보세요.

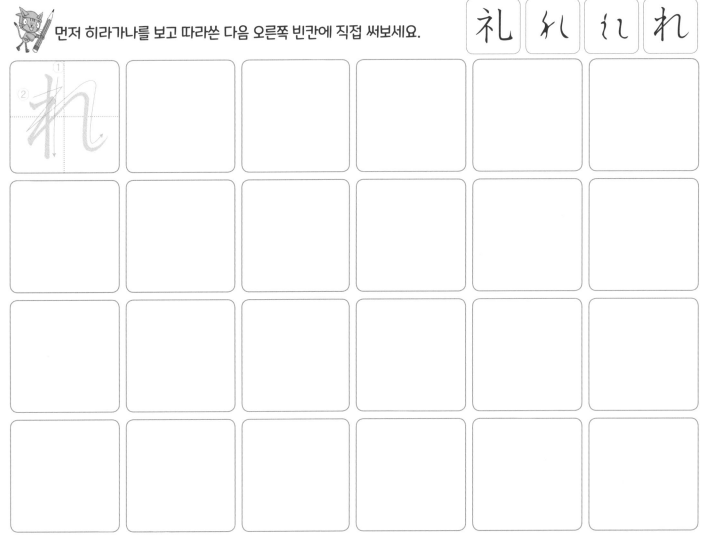

**れ**[re]는 우리말의 「레」와 같은 발음으로
단어의 첫머리에 오더라도 「레」로 발음한다.

레 끼 시
# れきし
*역사

레 ― 조 ― 꼬
# れいぞうこ
*냉장고

레 쯔
# れつ
*열(줄)

렝 가
# れんが
*벽돌

# 로
## [ro]

먼저 히라가나를 보고 따라쓴 다음 오른쪽 빈칸에 직접 써보세요.

ろ[ro]는 우리말의 「로」와 같은 발음으로
단어의 첫머리에 오더라도 「로」로 발음한다.

ろうか
*복도

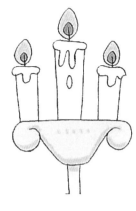

ろうそく
*초

JR路線図

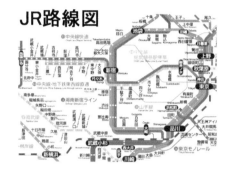

ろせんず
*노선도

ろば
*당나귀

■ 네모 빈칸에 제시된 히라가나를 쓰면서 마무리하세요.

■ 아래 발음에 알맞는 히라가나를 네모 칸에 써넣으세요.

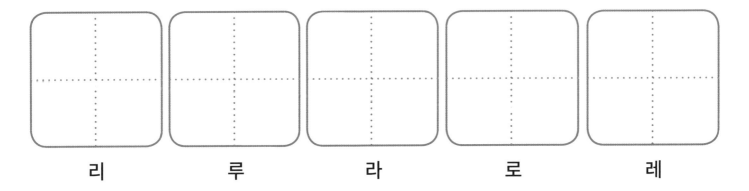

| 리 | 루 | 라 | 로 | 레 |

104

■ 한글 발음과 그림을 보고 빈칸에 알맞은 히라가나를 써넣으세요.

리 스

| | す |
|---|---|

라 꾸 다

| | く | だ |
|---|---|---|

요 루

| よ | |
|---|---|

로 바

| | ば |
|---|---|

레 - 조 - 꼬

| | い | ぞ | う | こ |
|---|---|---|---|---|

로 - 소 꾸

| | う | そ | く |
|---|---|---|---|

발음을 들으면서 쓰기 순서에 맞춰 화살표 방향으로 써보세요.

야
[ya]

먼저 히라가나를 보고 따라쓴 다음 오른쪽 빈칸에 직접 써보세요.

| 也 | や | や | や |
|---|---|---|---|

106

や[ya]는 우리말의 「야」와 거의 비슷한
발음으로 반모음이다.

<sup>야</sup>や<sup>기</sup>ぎ

*염소

<sup>야</sup>や<sup>깡</sup>かん

*주전자

<sup>야</sup>や<sup>사</sup>さ<sup>이</sup>い

*채소

<sup>야</sup>や<sup>마</sup>ま

*산

# 유
**[yu]**

먼저 히라가나를 보고 따라쓴 다음 오른쪽 빈칸에 직접 써보세요.

| 由 | ゆ | ゆ | ゆ |
|---|---|---|---|

ゆ[yu]는 우리말의 「유」와 거의 비슷한 발음으로 반모음이다.

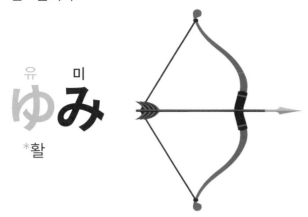

유 미
**ゆみ**
*활

유 끼 다 루 마
**ゆきだるま**
*눈사람

유 메
**ゆめ**
*꿈

유 비 와
**ゆびわ**
*반지

**요**

**[yo]**

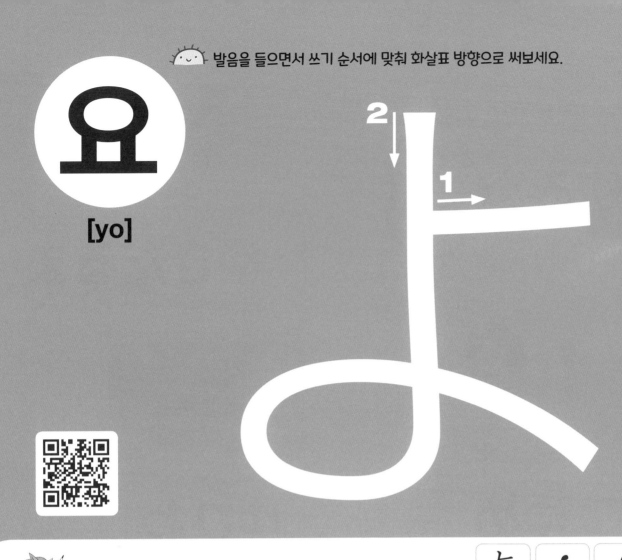

먼저 히라가나를 보고 따라쓴 다음 오른쪽 빈칸에 직접 써보세요.

| 与 | よ | よ | よ |
|---|---|---|---|

よ[yo]는 우리말의 「요」와 거의 비슷한
발음으로 반모음이다.

요 모 기
よもぎ
*쑥

요 ― 후 꾸
ようふく
*(서양) 옷

요 ― 지
ようじ
*이쑤시개

요 꾸 바 리
よくばり
*욕심꾸러기

# 와
## [wa]

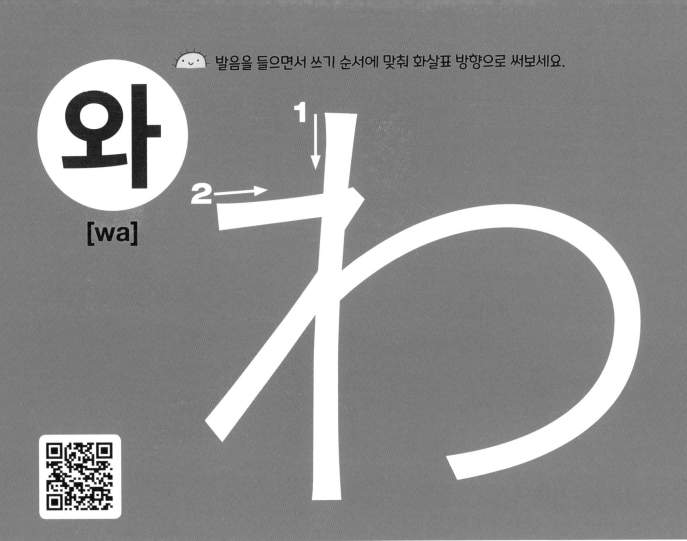

먼저 히라가나를 보고 따라쓴 다음 오른쪽 빈칸에 직접 써보세요.

和 わ わ わ

わ[wa]는 우리말의 「와」와 거의 같은
발음으로 반모음이다.

와 시
**わし**
*독수리

와 니
**わに**
*악어

와 나
**わな**
*올가미

와 사 비
**わさび**
*고추냉이

# 응
**[ng]**

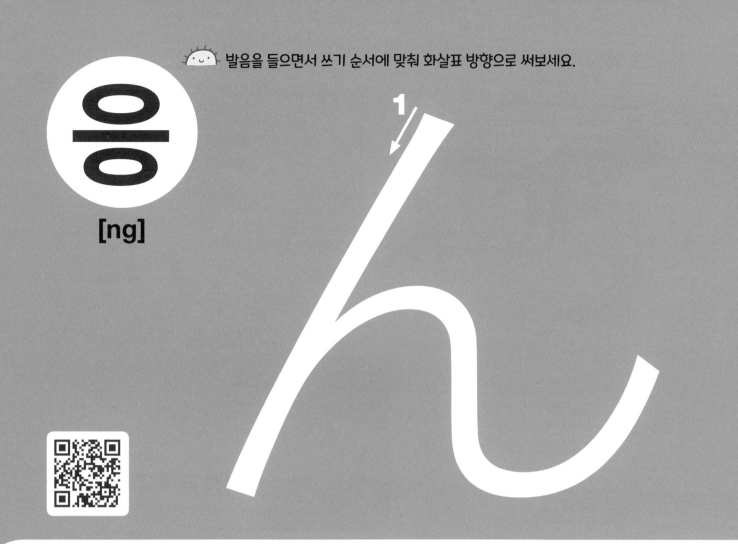

발음을 들으면서 쓰기 순서에 맞춰 화살표 방향으로 써보세요.

먼저 히라가나를 보고 따라쓴 다음 오른쪽 빈칸에 직접 써보세요.

| 无 | え | ん | ん |
|---|---|---|---|

ん[ng]는 다른 글자 밑에서 받침으로만
쓰이며「ㄴ, ㅁ, ㅇ」등으로 발음한다.

칸 즈 메
## かんづめ
*통조림

센 스
## せんす
*부채

키 링
## きりん
*기린

카 방
## かばん
*가방

■ 아래 발음에 알맞는 히라가나를 네모 칸에 써넣으세요.

| 유 | 와 | 야 | 응 | 요 |
|---|---|---|---|---|

■ 한글 발음과 그림을 보고 빈칸에 알맞은 히라가나를 써넣으세요.

야　깡

| | か | |

요　－　후　꾸

| | う | ふ | く |

유　끼　다　루　마

| | き | だ | る | ま |

키　링

| き | り | |

와　니

| | に |

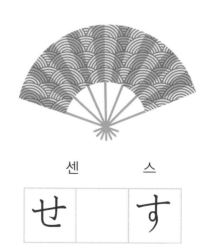

센　스

| せ | | す |

오
[o]

먼저 히라가나를 보고 따라쓴 다음 오른쪽 빈칸에 직접 써보세요.

袁 を を を

# PART 2

## 히라가나
## 여러가지
## 발음

## 02. 탁음

탁음이란 청음에 비해 탁한 소리로 **か さ た は**행의 글자 오른쪽 윗부분에 탁점( ゙)을 붙인 음을 말한다. **だ**행의 **ぢ づ**는 **ざ**행의 **じ ず**와 발음이 같아 지금은 특별한 경우 이외는 쓰이지 않는다.

|  | あ단 | い단 | う단 | え단 | お단 |
|---|---|---|---|---|---|
| が행 | が<br>가[ga] | ぎ<br>기[gi] | ぐ<br>구[gu] | げ<br>게[ge] | ご<br>고[go] |
| ざ행 | ざ<br>자[za] | じ<br>지[zi] | ず<br>즈[zu] | ぜ<br>제[ze] | ぞ<br>조[zo] |
| だ행 | だ<br>다[da] | ぢ<br>지[zi] | づ<br>즈[zu] | で<br>데[de] | ど<br>도[do] |
| ば행 | ば<br>바[ba] | び<br>비[bi] | ぶ<br>부[bu] | べ<br>베[be] | ぼ<br>보[bo] |

## 03. 반탁음

반탁음은 **は**행의 오른쪽 윗부분에 반탁점( ゚)을 붙인 것을 말하며 우리말의 「ㅍ」과 「ㅃ」의 중간음으로 단어의 첫머리에 올 때는 「ㅍ」에 가깝게 발음하고 단어의 중간이나 끝에 올 때는 「ㅃ」에 가깝게 발음한다.

|  | あ단 | い단 | う단 | え단 | お단 |
|---|---|---|---|---|---|
| ぱ행 | ぱ<br>파[pa] | ぴ<br>피[pi] | ぷ<br>푸[pu] | ぺ<br>페[pe] | ぽ<br>포[po] |

が행 　발음　 **が**[ga]행의 발음은 청음인 **か**[ka]행의 발음과는 달리 단어의 첫머리나 단어의 끝, 또는 중간에 올 때도 마찬가지로「가 기 구 게 고」로 발음하며 도쿄 지방에서는 콧소리로 발음한다.

| 가 ga | が |
| 기 gi | ぎ |
| 구 gu | ぐ |
| 게 ge | げ |
| 고 go | ご |

화가

열쇠

가구

수염

오후

ざ행 　발음　 **ざ**[za]행의 발음은 우리말에 없어서 정확히 발음하기 어렵지만 대체적으로「자 지 즈 제 조」로 발음하면 된다. 입 모양은 **さ**[sa]행과 동일하다.

| 자 za | ざ |
| 지 zi | じ |
| 즈 zu | ず |
| 제 ze | ぜ |
| 조 zo | ぞ |

좌석, 자리

무지개

상처, 흠집

바람

수수께끼

## だ행

**발음** **だ**[da]행의 **だ で ど**는 우리말의 「다 데 도」로 발음하고, **ぢ づ**는 **ざ**행의 **じ ず**와 발음이 동일하며 우리말 「지 즈」로 발음한다.

| 다 da | だ | | |
| 지 zi | ぢ | | |
| 즈 zu | づ | | |
| 데 de | で | | |
| 도 do | ど | | |

누구 — だれ / 다 레
코피 — はなぢ / 하 나 지
북 — つづみ / 쓰 즈 미
소매 — そで / 소 데
창, 창문 — まど / 마 도

## ば행

**발음** **ば**[ba]행은 우리말의 「바 비 부 베 보」처럼 발음한다. 단, **ぶ**[bu]는 입술을 둥글게 하여 발음하지 않도록 한다.

| 바 ba | ば | | |
| 비 bi | び | | |
| 부 bu | ぶ | | |
| 베 be | べ | | |
| 보 bo | ぼ | | |

바보 — ばか / 바 까
뱀 — へび / 헤 비
돼지 — ぶた / 부 따
벽 — かべ / 카 베
나 — ぼく / 보 꾸

**발음** 반탁음 **ぱ**[pa]행은 우리말의 「ㅍ」과 「ㅃ」의 중간음으로 단어의 첫머리에 올 경우에는 「ㅍ」에 가깝게 발음하고 단어의 중간이나 끝에 올 때는 「ㅃ」에 가깝게 발음한다.

| | | |
|---|---|---|
| **파** pa | **ぱ** | ぱ |
| **피** pi | **ぴ** | ぴ |
| **푸** pu | **ぷ** | ぷ |
| **페** pe | **ぺ** | ぺ |
| **포** po | **ぽ** | ぽ |

뽈뽈이 — ぱ ら ぱ ら (파 라 빠 라)

얼얼함 — ぴ り ぴ り (피 리 삐 리)

뻐금뻐금 — ぷ か ぷ か (푸 까 뿌 까)

꼬르륵 — ぺ こ ぺ こ (페 꼬 뻬 꼬)

따끈따끈 — ぽ か ぽ か (포 까 뽀 까)

■ 한글 발음과 그림을 보고 빈칸에 알맞은 히라가나를 써넣으세요.

부 따
| | た |

카 제
| か | |

니 지
| に | |

푸 까 뿌 까
| | か | | か |

하 나 지
| は | な | |

# 04. 요음

요음이란 **い**단 글자 중 자음인 **きしちにひみりぎじびぴ**에 반모음의 작은 글자 **ゃゅょ**를 붙인 음을 말한다. 즉, **ゃゅょ**는 우리말의「ㅑㅠㅛ」같은 역할을 한다.

| | ~や | ~ゆ | ~よ |
|---|---|---|---|
| **きゃ**행 | きゃ 캬[kya] | きゅ 큐[kyu] | きょ 쿄[kyo] |
| **しゃ**행 | しゃ 샤[sya/sha] | しゅ 슈[syu/shu] | しょ 쇼[syo/sho] |
| **ちゃ**행 | ちゃ 챠[cha] | ちゅ 츄[chu] | ちょ 쵸[cho] |
| **にゃ**행 | にゃ 냐[nya] | にゅ 뉴[nyu] | にょ 뇨[nyo] |
| **ひゃ**행 | ひゃ 햐[hya] | ひゅ 휴[hyu] | ひょ 효[hyo] |
| **みゃ**행 | みゃ 먀[mya] | みゅ 뮤[myu] | みょ 묘[myo] |
| **りゃ**행 | りゃ 랴[rya] | りゅ 류[ryu] | りょ 료[ryo] |
| **ぎゃ**행 | ぎゃ 갸[gya] | ぎゅ 규[gyu] | ぎょ 교[gyo] |
| **じゃ**행 | じゃ 쟈[zya/ja] | じゅ 쥬[zyu/ju] | じょ 죠[zyo/jo] |
| **びゃ**행 | びゃ 뱌[bya] | びゅ 뷰[byu] | びょ 뵤[byo] |
| **ぴゃ**행 | ぴゃ 퍄[pya] | ぴゅ 퓨[pyu] | ぴょ 표[pyo] |

**きゃ행**

발음 **きゃ**[kya]행은 단어의 첫머리에서는 「캬 큐 쿄」로 발음한다. 그러나 단어의 중간이나 끝에서는 「꺄 뀨 꾜」로 강하게 발음한다.

| 캬 kya | きゃ | きゃ | | 손님 |  |
| 큐 kyu | きゅ | きゅ | | 야구 | |
| 쿄 kyo | きょ | きょ | | 거리 | |

 **しゃ행**

발음 **しゃ**[sya]행은 우리말의 「샤 슈 쇼」처럼 발음하며, 로마자로 표기할 때는 **sya syu syo**와 **sha shu sho** 두 가지로 표기한다.

| 샤 sya | しゃ | しゃ | | 차고 | 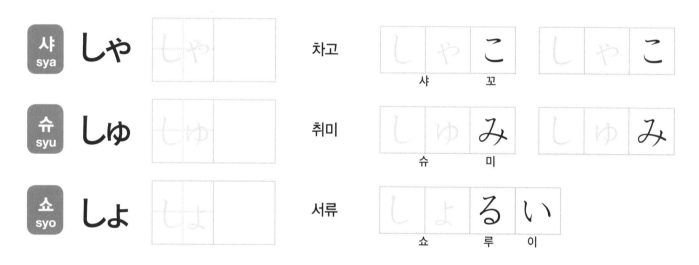 |
| 슈 syu | しゅ | しゅ | | 취미 | |
| 쇼 syo | しょ | しょ | | 서류 | |

 **ちゃ행**

발음 **ちゃ**[cha]행은 단어의 첫머리에서는 「챠 츄 쵸」로 발음하지만, 단어의 중간이나 끝에서는 강한 소리인 「쨔 쮸 쬬」로 발음한다.

| 챠 cha | ちゃ | ちゃ | | 갈색 | 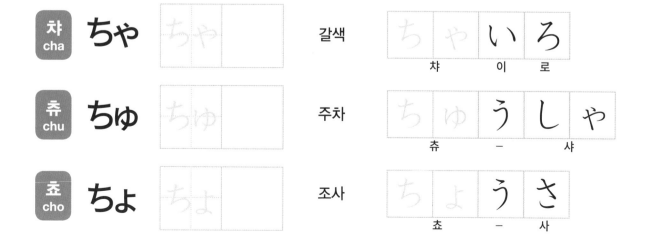 |
| 츄 chu | ちゅ | ちゅ | | 주차 | |
| 쵸 cho | ちょ | ちょ | | 조사 | |

**발음** にゃ[nya]행은 우리말의 「냐 뉴 뇨」처럼 발음하며, 우리말처럼 단어의 첫머리에 오더라도 「야 유 요」로 발음하지 않는다.

| 냐 nya | にゃ | にゃ | |
|---|---|---|---|

입고
| に | ゅ | う | こ |
|---|---|---|---|
| 뉴 | | – | 꼬 |

| 뉴 nyu | にゅ | にゅ | |
|---|---|---|---|

기입
| き | に | ゅ | う |
|---|---|---|---|
| 키 | 뉴 | | – |

| 뇨 nyo | にょ | にょ | |
|---|---|---|---|

아내, 처
| に | ょ | う | ぼ | う |
|---|---|---|---|---|
| 뇨 | | – | 보 | – |

■ 한글 발음과 그림을 보고 빈칸에 알맞은 히라가나를 써넣으세요.

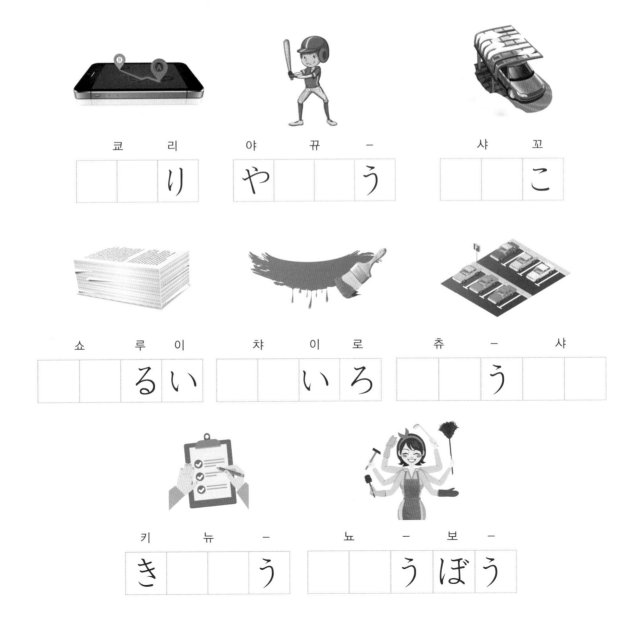

쿄 리
| | | り |
|---|---|---|

야 뀨 –
| や | | う |
|---|---|---|

샤 꼬
| | | こ |
|---|---|---|

쇼 루 이
| | る | い |
|---|---|---|

챠 이 로
| | い | ろ |
|---|---|---|

츄 – 샤
| | | う | |
|---|---|---|---|

키 뉴 –
| き | | | う |
|---|---|---|---|

뇨 – 보 –
| | | う | ぼ | う |
|---|---|---|---|---|

**발음** **ひゃ[hya]**행은 우리말의 「햐 휴 효」처럼 발음하며, 발음이 힘들다고 하여 「하 후 호」로 발음하지 않도록 주의한다.

| 햐<br>hya | ひゃ | ひゃ | | |
|---|---|---|---|---|

백, 100

ひ ゃ く　　ひ ゃ く
햐　꾸

| 휴<br>hyu | ひゅ | ひゅ | |
|---|---|---|---|

평가

ひ ょ う か
효　-　　까

| 효<br>hyo | ひょ | ひょ | |
|---|---|---|---|

대표

だ い ひ ょ う
다　이　효　-

**발음** **みゃ[mya]**행은 우리말의 「먀 뮤 묘」처럼 발음하며, 발음하기 힘들다고 「마 무 모」로 발음하지 않도록 주의한다.

| 먀<br>mya | みゃ | みゃ | |
|---|---|---|---|

산맥

さ ん み ゃ く
삼　　먀　꾸

| 뮤<br>myu | みゅ | みゅ | |
|---|---|---|---|

묘미

み ょ う み
묘　-　미

| 묘<br>myo | みょ | みょ | |
|---|---|---|---|

내일

み ょ う に ち
묘　-　니　찌

**발음** **りゃ[rya]**행은 우리말의 「랴 류 료」처럼 발음하며, 단어의 첫머리에 오더라도 「야 유 요」로 발음하지 않도록 한다.

| 랴<br>rya | りゃ | りゃ | |
|---|---|---|---|

약도

り ゃ く ず
랴　꾸　즈

| 류<br>ryu | りゅ | りゅ | |
|---|---|---|---|

유역

り ゅ う い き
류　-　이　끼

| 료<br>ryo | りょ | りょ | |
|---|---|---|---|

여행

り ょ こ う
료　꼬　-

127

## ぎゃ행

**발음** ぎゃ[gya]행은 きゃ[kya]행에 탁음이 붙은 것으로 우리말의 「갸 규 교」처럼 발음한다. 단, 단어의 첫 머리에서는 유성음으로 발음한다.

| 갸<br>gya | ぎゃ | ぎゃ | | 역습 | ぎ ゃ く し ゅ う<br>갸 꾸 슈 - |
| 규<br>gyu | ぎゅ | ぎゅ | | 쇠고기 | ぎ ゅ う に く<br>규 - 니 꾸 |
| 교<br>gyo | ぎょ | ぎょ | | 어류 | ぎ ょ る い<br>교 루 이 |

■ 한글 발음과 그림을 보고 빈칸에 알맞은 히라가나를 써넣으세요.

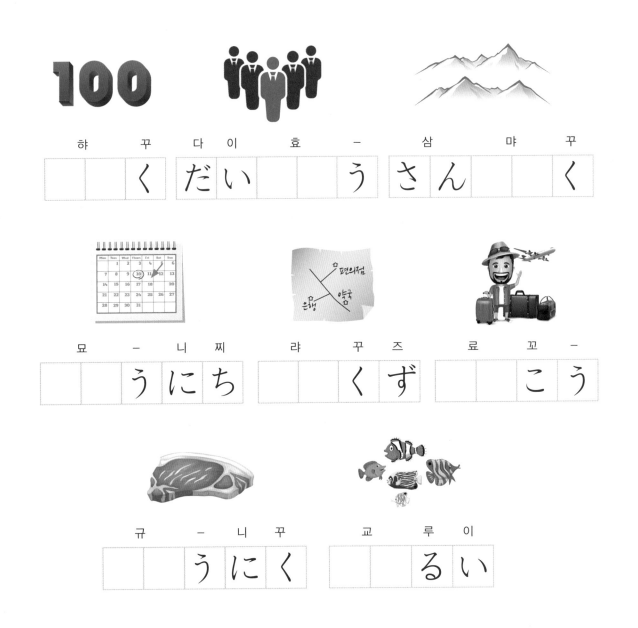

|         |         |         |
| 100     | 사람들   | 산      |
| 햐 꾸 다 이<br>[　] く だ い | 효 -<br>[　] う | 삼 먀 꾸<br>さ ん [　] く |

| 달력 | 지도 | 여행자 |
| 묘 - 니 찌<br>[　] う に ち | 랴 꾸 즈<br>[　] く ず | 료 꼬 -<br>[　] こ う |

| 고기 | 물고기 |
| 규 - 니 꾸<br>[　] う に く | 교 루 이<br>[　] る い |

128

**발음** **じゃ[zya]**행은 우리말의 「쟈 쥬 죠」처럼 발음한다. 참고로 **ぢゃ**행은 **じゃ**행과 발음이 동일하여 현대어에서는 거의 쓰이지 않는다.

| 쟈<br>zya | じゃ |
| --- | --- |

수도꼭지

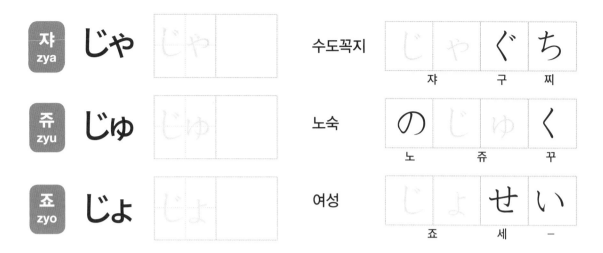

じゃ ぐ ち
쟈 구 찌

| 쥬<br>zyu | じゅ |
| --- | --- |

노숙

の じゅ く
노 쥬 꾸

| 죠<br>zyo | じょ |
| --- | --- |

여성

じょ せい
죠 세 ㅡ

**발음** **びゃ[bya]**행은 **ひゃ[hya]**행에 탁음이 붙은 것으로 우리말의 「뱌 뷰 뵤」처럼 발음한다. 「바 부 보」로 발음하지 않도록 주의한다.

| 뱌<br>bya | びゃ |
| --- | --- |

삼백,
300

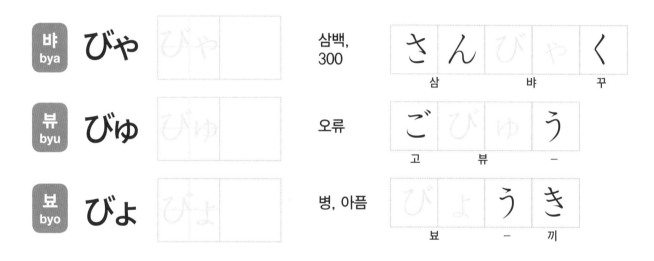

さん びゃ く
삼 뱌 꾸

| 뷰<br>byu | びゅ |
| --- | --- |

오류

ご びゅ う
고 뷰 ㅡ

| 뵤<br>byo | びょ |
| --- | --- |

병, 아픔

びょ う き
뵤 ㅡ 끼

**발음** **ぴゃ[pya]**행은 단어의 첫머리에서는 「퍄 퓨 표」로 발음하지만, 단어의 중간이나 끝에서는 「빠 쀼 뾰」로 강하게 발음한다.

| 퍄<br>pya | ぴゃ |
| --- | --- |

육백,
600

ろ っ ぴゃ く
롭 빠 꾸

| 퓨<br>pyu | ぴゅ |
| --- | --- |

팔백,
800

は っ ぴゃ く
합 빠 꾸

| 표<br>pyo | ぴょ |
| --- | --- |

촌평,
단평

す ん ぴょ う
슨 뾰 ㅡ

■ 한글 발음과 그림을 보고 빈칸에 알맞은 히라가나를 써넣으세요.

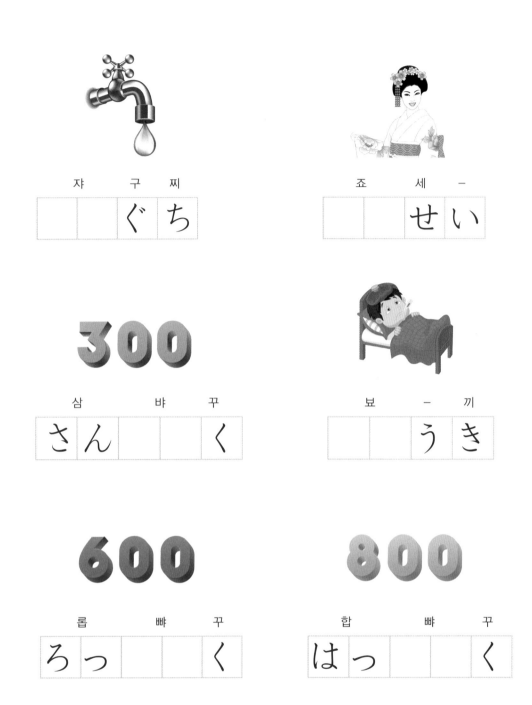

|  |  | 쟈 | 구 | 찌 |
|---|---|---|---|---|
|  |  |  | ぐ | ち |

| 죠 | 세 | ― |
|---|---|---|
|  | せ | い |

| 삼 | 뱌 | 꾸 |
|---|---|---|
| さ ん |  | く |

| 보 | ― | 끼 |
|---|---|---|
|  | う | き |

| 롭 | 빠 | 꾸 |
|---|---|---|
| ろ っ |  | く |

| 합 | 빠 | 꾸 |
|---|---|---|
| は っ |  | く |

# 05. 하네루 음 ◇◇◇◇◇◇◇◇◇◇◇◇◇◇◇◇◇◇◇◇◇◇◇◇◇◇◇◇◇◇◇◇◇◇◇◇◇◇◇◇◇◇◇◇◇

하네루 음이란 오십음도의 마지막 글자인 **ん**을 말한다. **ん**은 단어의 첫머리에 오지 않으며 항상 다른 글자 뒤에 쓰여 우리말의 받침과 같은 구실을 한다. **ん** 다음에 오는 글자의 영향에 따라 우리말의 「ㄴ(**n**) ㅁ(**m**) ㅇ(**ng**)」으로 소리가 난다.

## ㅇ

**발음** **ん** 다음에 **か が**행의 글자가 이어지면 「ㅇ(**ng**)」으로 발음한다.

| 연기 | え | ん | き | | | | | | |
|---|---|---|---|---|---|---|---|---|---|
| | 엥 | | 끼 | | | | | | |

| 음악 | お | ん | が | く | | | | | |
|---|---|---|---|---|---|---|---|---|---|
| | 옹 | | 가 | 꾸 | | | | | |

## ㄴ

**발음** **ん** 다음에 **さ ざ た だ な ら**행의 글자가 이어지면 「ㄴ(**n**)」으로 발음한다.

| 감시 | か | ん | し | | | | | | |
|---|---|---|---|---|---|---|---|---|---|
| | 칸 | | 시 | | | | | | |

| 몇 시 | な | ん | じ | | | | | | |
|---|---|---|---|---|---|---|---|---|---|
| | 난 | | 지 | | | | | | |

| 반대 | は | ん | た | い | | | | | |
|---|---|---|---|---|---|---|---|---|---|
| | 한 | | 따 | 이 | | | | | |

| 연대 | ね | ん | だ | い | | | | | |
|---|---|---|---|---|---|---|---|---|---|
| | 넨 | | 다 | 이 | | | | | |

| 오늘(날) | こ | ん | に | ち | | | | | |
|---|---|---|---|---|---|---|---|---|---|
| | 콘 | | 니 | 찌 | | | | | |

| 신뢰 | し | ん | ら | い | | | | | |
|---|---|---|---|---|---|---|---|---|---|
| | 신 | | 라 | 이 | | | | | |

131

**발음** ん 다음에 **ま ば ぱ**행의 글자가 이어지면 「ㅁ(m)」으로 발음한다.

| 안마 | あ ん ま | | |
|---|---|---|---|
| | 암 마 | | |

구경　け ん ぶ つ
　　　켐　부　쯔

산책　さ ん ぽ
　　　삼　뽀

 **발음** ん 다음에 **あ は や わ**행의 글자가 이어지면 「ㄴ(n)」과 「ㅇ(ng)」의 중간음으로 발음한다. 단어 끝에 **ん**이 와도 마찬가지다.

연애　れ ん あ い
　　　렝　아　이

책방　ほ ん や
　　　홍　야

전화　で ん わ
　　　뎅　와

일본　に ほ ん
　　　니　홍

■ 한글 발음과 그림을 보고 빈칸에 알맞은 히라가나를 써넣으세요.

엥　끼
え　[　]　[　]

옹　가　꾸
お　[　]　く

칸　시
か　[　]　[　]

난　지
な　[　]　[　]

한　따　이
は　[　]　い

콘　니　찌
こ　[　]　ち

암　마
あ　[　]　[　]

삼　뽀
さ　[　]　[　]

홍　야
ほ　[　]　[　]

뎅　와
で　[　]　[　]

133

## 06. 촉음

촉음이란 막힌 소리의 하나로, 우리말의 받침과 같은 역할을 하는 것을 말한다. 즉, 촉음은 **つ**를 작을 글자 **っ**로 표기하여 다른 글자 밑에서 받침으로만 쓴다. 이 촉음은 하나의 음절을 갖고 있으며 뒤에 오는 글자의 영향에 따라 우리말 받침의 「ㄱ ㅅ ㄷ ㅂ」으로 발음한다.

### ㄱ

> **발음** 촉음인 **っ** 다음에 **か**행인 **か き く け こ**가 이어지면 「ㄱ(k)」으로 발음한다.

| 결과 | け<br>켁 | っ | か<br>까 | | | | | |
|------|---------|---|---------|---|---|---|---|---|

| 단숨 | い<br>익 | っ | き<br>끼 | | | | | |
|------|---------|---|---------|---|---|---|---|---|

### ㅅ

> **발음** 촉음인 **っ** 다음에 **さ**행인 **さ し す せ そ**가 이어지면 「ㅅ(s)」으로 발음한다.

| 속히, 재빨리 | さ<br>삿 | っ | そ<br>소 | く<br>꾸 | | | | |
|------|---------|---|---------|---------|---|---|---|---|

| 잡지 | ざ<br>잣 | っ | し<br>시 | | | | | |
|------|---------|---|---------|---|---|---|---|---|

### ㅂ

> **발음** 촉음인 **っ** 다음에 **ぱ**행인 **ぱ ぴ ぷ ぺ ぽ**가 이어지면 「ㅂ(b)」으로 발음한다.

| 가득 | い<br>입 | っ | ぱ<br>빠 | い<br>이 | | | | |
|------|---------|---|---------|---------|---|---|---|---|

| 꼬리 | し<br>십 | っ | ぽ<br>뽀 | | | | | |
|------|---------|---|---------|---|---|---|---|---|

발음 촉음인 っ 다음에 た행인 た ち つ て と가 이어지면 「ㄷ(t)」으로 발음한다.

우표 | き | っ | て | | |
킨 | 떼

남편 | お | っ | と | | |
옫 | 또

■ 한글 발음과 그림을 보고 빈칸에 알맞은 히라가나를 써넣으세요.

켘 까
け |

익 끼
い |

잣 시
ざ |

삳 소 꾸
さ | | く

입 빠 이
い | | い

십 뽀
し | |

킨 떼
き | |

옫 또
お | |

장음이란 같은 모음이 중복될 때 앞의 발음을 길게 발음하는 것을 말한다. 우리말에서는 장음의 구별이 어렵지만 일본어에서는 이것을 확실히 구분하여 쓴다. 따라서 음의 장단에 따라 그 의미가 달라지므로 주의해야 한다. 이 책의 우리말 장음는 편의상 「ー」로 표시하였음을 일러둔다.

## あ

**발음** あ단에 모음 あ가 이어질 경우 뒤의 모음인 あ는 장음이 된다.

어머니 | おかあさん
오 까 ー 상

할머니 | おばあさん
오 바 ー 상

경우 | ばあい
바 ー 이

## い

**발음** い단에 모음 い가 이어질 경우 뒤의 모음인 い는 장음이 된다.

할아버지 | おじいさん
오 지 ー 상

형님 | おにいさん
오 니 ー 상

노랗다 | きいろい
키 ー 로 이

| | | |
|---|---|---|
| **う** | 발음 | **う**단에 모음 **う**가 이어질 경우 뒤의 모음인 **う**는 장음이 된다. |

공기
くうき
쿠 - 끼

주위
しゅうい
슈 - 이

부부
ふうふ
후 - 후

| | | |
|---|---|---|
| **え** | 발음 | **え**단에 모음 **え**나 **い**가 이어질 경우 뒤의 모음인 **え い**는 장음이 된다. |

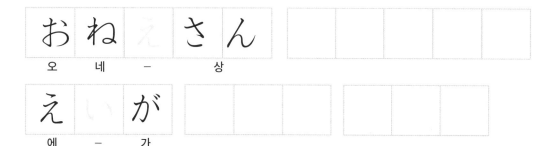

언니, 누나
おねえさん
오 네 - 상

영화
えいが
에 - 가

| | | |
|---|---|---|
| **お** | 발음 | **お**단에 모음 **お**나 **う**가 이어질 경우 뒤의 모음인 **お う**는 장음이 된다. |

얼음
こおり
코 - 리

두부
とうふ
토 - 후

아버지
おとうさん
오 또 - 상

■ 한글 발음과 그림을 보고 빈칸에 알맞은 히라가나를 써넣으세요.

오 까 ㅡ 상
お ⬚ ⬚ さ ん

오 바 ㅡ 상
お ⬚ ⬚ さ ん

오 지 ㅡ 상
お ⬚ さ ん

오 니 ㅡ 상
お ⬚ さ ん

쿠 ㅡ 끼
⬚ ⬚ き

후 ㅡ 후
⬚ ⬚ ふ

오 네 ㅡ 상
お ⬚ さ ん

에 ㅡ 가
⬚ ⬚ が

코 ㅡ 리
⬚ ⬚ り

오 또 ㅡ 상
お ⬚ さ ん

## 특별한 쓰임을 갖는 히라가나

응
[ng]

단어의 첫 음절에는 쓰이지 않는다.

**にんげん**

인간(사람)

오
[o]

조사 「~을(를)」의 뜻으로 쓰일 때만 쓰이고 사물의 이름에는 쓰이지 않는다.

**ごはんを
たべる**

밥을 먹다

와
[wa]

조사 「~은(는)」의 뜻으로 쓰일 때는 わ(wa)와 같은 소리로 읽는다.

**これは
ほんです**

이것은 책입니다

에
[e]

조사 「~에(으로)」의 뜻으로 쓰일 때는 え(e)와 같은 소리로 읽는다.

**にほんへ
いく**

일본에 가다

## 송 상 엽

지은이 송상엽은 대학에서 일어일문학을 전공하였으며, 국내 유수 기업체는 물론 어학원에서 수년간의 강사 경험을 바탕으로 일본어 교재 전문기획 프리랜서로 활동하고 있다. 지금은 랜컴출판사의 편집위원으로서 일본어 학습서 기획 및 저술 활동에 힘쓰고 있다.

독학, 왕초보 일본어 첫걸음
## 히라가나 따라쓰기

2024년 05월 10일 초판 1쇄 인쇄
2024년 05월 15일 초판 1쇄 발행

**지은이** 송상엽
**발행인** 손건
**편집기획** 김상배, 장수경
**마케팅** 최관호, 김재명
**디자인** Purple
**제작** 최승용
**인쇄** 선경프린테크

**발행처** *LanCom* 랜컴
**주소** 서울시 영등포구 영신로34길 19, 3층
**등록번호** 제 312-2006-00060호
**전화** 02) 2636-0895
**팩스** 02) 2636-0896
**홈페이지** www.lancom.co.kr
**이메일** elancom@naver.com

ⓒ 랜컴 2024
ISBN 979-11-7142-045-2  13730